文心书系

衔华

北师大二附中
文科实验班
作文精选

★★★★★★★★★★★ 王广杰◎主编

商务印书馆国际有限公司

图书在版编目（CIP）数据

衔华：北师大二附中文科实验班作文精选／王广杰主编．—北京：商务印书馆国际有限公司，2017.4（2017.8 重印）

ISBN 978-7-5176-0377-1

Ⅰ.①衔…　Ⅱ.①王…　Ⅲ.①作文－高中－选集
Ⅳ.①H194.5

中国版本图书馆 CIP 数据核字(2017)第027042号

衔华：北师大二附中文科实验班作文精选

主　　编　王广杰
责任编辑　李东晓
出版发行　商务印书馆国际有限公司
（地址 北京市东城区史家胡同甲 24 号　邮编 100010）
（总编室电话 010－65592876　编辑部电话 010－65227580　市场营销部电话 010－65598498）
网　　址　www.cpi1993.com
经　　销　全国新华书店
印　　刷　三河紫恒印装有限公司
开　　本　710mm×1000mm　1/16
字　　数　253.7 千字
印　　张　16.25
版　　次　2017 年 8 月第 1 版第 2 次印刷
书　　号　978-7-5176-0377-1
定　　价　35.00 元

序言

做一个身体力行的文学青年

这不是一个文学的时代，因此我们常常遭遇“文学无用”的尴尬。高楼大厦如雨后春笋般拔地而起，时时在彰显着人类“人定胜天”的不屈信念。然而，就在这一幢幢高楼拔地而起的同时，“雨后春笋”也已开始沦落为一个空泛的比喻幻象，那种真实的雨后春笋的场景早已不复存在，随之而去的，还有许多与之相关的文学记忆和想象。“嫩竹含新粉，红莲落故衣”“乱花渐欲迷人眼，浅草才能没马蹄”，这极富深情的生活场景在当今社会里竟没了丝毫的立足之地。

这是一个最坏的时代，这又是一个最好的时代。这是绝望之冬，这又是希望之春。在这样一个价值观逐渐被简化为价值，甚至沦落为价格的时代里，恰是文学可以发挥大用的时刻。文学教会我们睁开眼睛观世界，并以此形成我们自己独立的世界观。我们不是偏居一隅，编织自我迷醉的“世外桃源”，我们信奉古人所云“修辞立其诚”。写作不是为了装点于己，炫耀于人，而是为了表达自我，倾吐真情。情郁于中，不得不发之于外，于是我们用文字真诚地记录下我们自己的生活，并不断地以此来扩展我们生活的边界。更为重要的是，我们正在用文字构筑起理想的澄明天地，它在潜移默化地引领着我们勇敢地践行一种全新的生活方式。

面对天地万物，古代文人曾经是那么的多情和执着。白居易“明朝风起应吹尽，夜惜衰红把火看”，苏轼“只恐夜深花睡去，故烧高烛照红妆”，我们看到，他们不只有惜花的细腻情感，更有赏花的切实行动。是细腻的情感促成了他们去“秉烛夜游”，但又何尝不是“秉烛夜游”的行动反过来进一步培养了他们情感的细腻？这是一种身体力行的人文情怀，这让他们具有了对自然万物深情凝望的优雅姿态，而正是这种姿态让他们日常生活的步伐更加从容自在，坚定有力。李白不也曾油然感慨：“古人秉烛夜游，良有以也！”

沈约《愍衰草赋》曰：“昔时兮春日，昔日兮春风。衔华兮佩实，垂绿兮散红。”“衔华佩实”本用以描绘草木开花结果的绚丽胜景。刘勰《文心雕龙》亦云：“然则圣文之雅丽，固衔华而佩实者也。”此处，“衔华佩实”又借以隐喻文章形式与内容二美兼具的盛大意境。“衔华佩实”无疑为我们提出了文质兼美的至高文学标准。而要达此目标，就必须屏弃闭门造车与无病呻吟的酸腐，做一个身体力行的文学青年，提起笔写生活，迈开步子去生活。让写作成为我们生活的常态，并以此养成我们阳光向上、谦和优雅的生活姿态。这样的文学终会让我们变得更加敏感而细致，大气而自信。

这终将是一个文学的时代。

王广杰　　北师大二附中高级教师

目录

考场佳作：中心与边缘

议论文：历史的尽头

抒情性散文： 向生命致敬

叙事性散文： 故 乡

读后感：世界很大，我们很小

小说与诗歌：山河犹在，国泰民安

考场佳作

中心与边缘

文题回放：

田忌赛马是古代著名的谋略故事，有人认为这是田忌和孙膑的谋略，但也有人认为这是田忌和孙膑不守规则的做法。你对田忌赛马有何思考和感悟？请自拟题目，自选文体，自选角度，写一篇不少于700字的文章。

人与马不同

郑悦冰

他的心，像是燃烧的荒野。

“让出单打一号？”他惊愕地问道，“为什么？”作为本队的一号选手，他不能接受这个决定。

“十年了，你能打败那个人吗？”教练反问道。

他清楚这不能，那个人从少时开始就一直压在他头上。

永远沦为冠军的陪衬，怎样坚韧的心也会变得脆弱。

“知道……”干涸的嗓子中挤出干涸的话语，荒野上的火似乎弱了下去。

“田忌赛马的故事你知道吧？”教练看出他的不甘，轻拍他的肩膀，“原本的比赛我也没有抱什么希望。但是，这次却不同——他们的二号受伤不能出战。”

“那就是说？”他空洞的眼中似乎突然有了光明，就像是溺水的人抓住了救命的稻草。十年的失败，让他对赢的渴望不输给任何人。

“替补二号的是原本的三号，新替补的三号是个没经过系统训练的菜鸟。”教练循循善诱。

他若有所思地皱起眉头。

“如果我们用田忌赛马的策略，将那个怪物空过去，你去打单打二号，我们的二号打单打三号，我们队至少有九成胜机。这是咱们队夺冠的最好机会了。”

“是啊，这个机会我们等了十年！”旁边的二号队友兴奋不已，这个主意是他出的，他已开始筹划打赢单打三号后的欢庆了。

十年！现在，确实是天赐良机。

“可是，这般与他擦肩而过？用虚假的胜利代替我内心真正的渴望？为了打败他，我也等了十年！”

望着教练和队友期待的眼神，他突然觉得有些难受：“抱歉……”

教练眼神犀利。队友像要吃了他：“为什么？这是咱们唯一的机会！”

“可是，这并不算胜，只是逃避。”他抬起头，直视教练，“我要在一对一中将他击溃，而不是这般投机取巧；虽然我一直在输，但我从未后悔过，倾尽全力的比赛没有失落的理由。况且，看到真正的比赛，才是观众们的期待。我不想辜负那些支持着我的人。人和马是不同的，人的尊严与渴望，不能被忽略。”

荒野上的火似乎又旺了起来。

“人与马是不同的……”教练喃喃说道，眼中颇有遗憾之意。

“请您看着我的表演！”他坚定地说，展开的臂膀似乎要拥抱苍穹的太阳。那一刻，他的心，像是燃烧的荒野。

在观众的欢呼中，两队最强的单打一号展开对决。

“这一次，我会战胜你。”他目光如炬，像是撕裂夜空的闪电。

原以为会遇到劣马的对方一号本来意兴阑珊，看到他的出场却立刻兴奋起来，宿命中的对决让两人的心全都肆意地燃烧起来。

十年了，他们一直都在期待。

他的身影一直在对方的眼中。每一次的胜利，都是对方最酣畅淋漓的对决。与面对其他人的轻松不同，对方绷紧了身体，两眼死死地盯住他的站位。对方在渴望着——一场与他的无论胜负的爽快对决。

他鼓足了全身的力气挥出球拍，伴随着一阵发狂似的怒吼，飞出的小球重重砸在场地之上，仿佛将十年的郁闷全都轰击出去。

那一刻，他的心，像是燃烧的荒野，不会熄灭。

他弓起绷紧的腰身，如扑食的恶狼，狠狠地迎向对方有力的回击。

“这一次，我会战胜你！”他暴喝着，将弹起的小球挥击出去。

“你的决心……”对方同样吼道，“给我看啊！”反手挥击，小球划着弧线回到了他的场地。

他已然到了网前，侧过腰身，送出一个小球，离网过远的对手已经来不及扑救。

“15：0！”听到分数的更新，他挺起身体，弯曲的膝盖恢复了直立的状态。那两只眼中，写满着对胜利的渴望。桀骜不驯的眼神，成为球场上一抹亮丽的风采。

“这就是我的决心。”他淡然地说道。高昂的脑袋仿佛在说他已经赢了比赛一样。

对手有些惊愕，但随即开始笑了起来：“不过如此。”

“是吗？”他微微一笑。

场边骤然响起雷鸣般的掌声。精湛的技艺，让他的表现尤为惊人。观众们的热情也完全被点燃起来。

…………

“你还是败了。”对方走到网前，伸出右手。

“虽败犹荣。”他握住对方粗糙的手，这才发现，对方那挥拍磨出的痕迹，比他更深，“你很厉害。”

不只是技艺，更是努力。

“你也不赖。”对方哈哈一笑，“每次与你打比赛都是我最畅快的时刻，也是我最接近失败的时刻。”

“所以，不要太得意了。”他别过头，看向一旁，“下次，赢的可不一定是你。”

“当然，我期待着下次的对决。”

“彼此。”他遥望着对方的背影，轻轻吐出两个字。

“下一次，我不会输。”他攥紧了拳头，凝视着那道背影，有些信念已抽枝剥茧，悄然萌芽。

…………

“抱歉，我输了。”他低下桀骜的头，却说道，“但我不后悔。”

“我知道，如果说后悔才是骗人。”教练笑道，没有埋怨，“毕竟是你的选择。人与马不同，我早该想到的。”

“去你的不后悔，因为你的虚荣，我们全队丢掉了十年来唯一的夺冠机会！”二号队友愤怒地对他喊着。

他突然沉默，没有言语。

眼中桀骜的光芒，有些暗淡，却依然还在。

由田忌赛马谈“知”与“扬弃”

高雨田

《田忌赛马》的故事千百年来为人所称颂，而故事往往都不是万全的，即使真被人指出瑕疵，我仍认为其作为经典流传至今有其存在延续的价值和必要，所以在这个故事跋涉千山万水，历经历史的大浪淘沙流传所至的今天，我仍要赞颂它。

“君子生非异也”，亦不能保证每次临敌时都有无懈可击的实力，而君子之明不仅在于“善假于物也”，更在“善假于心也”。

常谓：“知己知彼，百战不殆。”田忌的马自然不敌对手，而在孙膑的分析下，悉知了自己的实力、对方的实力以及心策，从而能较主动地用马。其实他并没有获得明显的益处，而是暗自培养了一种有备而来的自信和沉稳。这实际对现今许多人都是一种启迪。如今越来越个性化的社会，使人们的自我表现欲愈加膨胀，很多人急于表现自己已有的，还在盲目自大和浮躁中丧失了观察、了解他人的机会。已有的是既成而定量的，机会却往往藏在未知中。如若限制了自己的“知”，又如何能把握好转机呢？如有诸葛亮以“知”草船借箭，有勾践以“知”灭吴，有沛公以“知”克项羽，又何惧没有“三千越甲可吞吴”的底气呢？是知，亦同智也。

君子亦懂扬弃，迂回取胜，积小胜以大成，是田忌赛马的另一个关键。虽然没有一味地扬长而求大胜的畅快，却取得了最终的胜利，这是需要内心的强大与智慧的。有长远的眼光，才能忽略遮眼的崇山万岭与浮云，看到远方的曙光，这对飞速发展的社会中一些急于求成，只顾眼前的人们仍有警醒作用——“扬”该伸展的才能，“弃”不利全局的小胜。

《田忌赛马》在漫长的历史中虽然只是一件以智与谋取胜的小事，可它延续至今一定仍有其可称赞的价值与意义，这也是不可忽略的，其中的“知”与“扬弃”仍可被我们视为可学之处。即言知，则须知，人们应保留从历史中学习的眼光。中华民族是有智慧的民族，而如何智慧地利用智慧，更成为当下的一种学问。

小聪明与大秩序

文浩宁

谈起田忌赛马，多数人会称颂孙膑的谋略智慧。可你是否曾想过，双方竞争比赛，低水平却投机取巧，利用规则漏洞，战胜了高水平，这还能称得上公平？所谓“赛”者，规则为首要前提，不遵守规则恣意妄为，小事中可能无伤大雅，但对于一个国家、一个社会，泯灭的规则则会带来无法估计的后果。

田忌赛马中，赛马有个潜在的规则是上驷对上驷，中驷对中驷，下驷对下驷。只有如此才能真正比较出马匹的奔跑实力，使赛马具有意义。但孙膑调换出场顺序使得田忌的上驷对齐威王的中驷，中驷对下驷，下驷对上驷。最终三局两胜取得胜利，实现了利益的最大化。可这样的行径却也客观上将竞赛变成了获得胜利的工具，失去了水平的较量的内涵，如果比赛都犹田忌赛马般只追求结果，将会影响人们对提升自身实力的追求，竞赛也将沦为钩心斗角的舞台罢了。

所谓规则者，本就是为了避免事物向着与它诞生时初衷相反的方向发展的工具。规则的本质是秩序，而不是约束。在具体环境之下，规则或许显得不近人情，但只有坚守了这般程序，才能使整个社会的运转更加顺畅。如同“中国式过马路”对于每一个行人来说，在没有车通行的马路上浪费时间等候红灯或许是种可笑行径，但是放眼中国，闯红灯造成的不仅仅是一个又一个生命消散的悲剧，更是对国民素质的莫大讽刺。

但与此同时，西方人在这点上却做到了我们无法想象的严苛。早在古希腊，大思想家苏格拉底为了城邦法律而英勇赴死，即便那是莫须有的罪名，即便他有足够的时间逃跑，“如果我不遵守法律，城邦的法律将失去信用。”他如是说。法律，或许比规则严重了几分。但何为法律？法律是社会的规则，是规则的底线。中国人在漫长岁月中，就是太不注重规则，太漠视这些条条框框，在每一次的具体情境下不断“变通”，才阻碍了孕育近代法律的可能。而西方世界则是由于从古希腊罗马时期开始培育法理精神才在近现代促成了启蒙思想，诞生了理性、平等与民主，才让个人思想光辉解放，使人成为独立自由的个体，生命庄严愈发庄重，并因这文明的高度领先世界。说田忌赛马式的小聪明是古代中国没有步入现代化，法制不够健全的体现，或许有些牵强附会。但千千万万的孙膑用谋略代替规则，却在冥冥中蚕食着中国。当今社会是法制社会，国际交往都需要遵守规则，说起科技与经济的实力中国不逊于世界一流国家，但在公民素质、对社会规则的遵守上我们却一次次被人所耻笑。

或许抛弃田忌赛马的小聪明，才能真正收获大智慧。

真正的公平

余　翌

田忌赛马——说好听了是种谋略，说不好听的，也不过是种小花招罢了。它可以改变表面上的比赛结果，但这一次的胜利，难道便可说明他的马真的优于对手了吗？

田忌的这一次胜利，应当感谢他的对手是个遵守比赛规则的人。不然，要是对手想试试他的上等马究竟比田忌的“劣等马”快了多少，或是就想让自己的中等马与他的“上等马”比个高低，其结果也就可想而知了。

我们认同并赞扬田忌赛马的做法，是因为我们在听这个故事的时候早已自我带入了同情弱者的视角。弱者想要打败“压迫者”，不用点“谋略”怎么能行呢？但于比赛本身而言，这是绝对违反公平的。

中国女排曾在以前的比赛中为避开强敌而故意输给韩国等弱队，令一些国家在被淘汰时愤恨不已。而在里约奥运会上，女排姑娘们勇抗强敌，遭遇挫折却愈战愈勇，最终夺得冠军。这样的胜利才叫实至名归，令人心服口服。

无论强者还是弱者，在面对比赛时都应遵守规则，因为比赛追求的不只有胜利，更有真正的公平。

在经济全球化的大背景下，发达国家利用自身在经济和科技上的优势，在国际贸易中作威作福，又肆意玩弄贸易规则，借着“反垄断”等名头欺侮打压发展中国家的企业。这可恨吗？当然！可“列强”们冷冷一笑：没有人会和钱过不去，你能奈我何？我们在咬着牙争取平等权利的同时也应想到：弱者要小花招可以获得一时的胜利，而强者光明正大地左右规则、违反公平的时候，会带来更严重的后果。

所以，若要在一场旷日持久的竞赛中取得胜利，必须要有足够的实力和公平的竞争环境。前者可以靠单方面的努力不断得到突破，而后者则要靠所有参与者的共同维护。

我们期待在每一项竞赛中取得的成就，更期待在没有干扰、没有花招的真正公平的环境下，真刀真枪拼出的结果。

文题回放：

中心是令人向往的地方，处于中心地带往往有诸多便利、机会和认同。当然也有人在中心地带迷失，最终边缘化。边缘是让人平静的地方，它的质朴和别样让生活其中的人受益良多，甚至还吸引中心的人们探寻它的魅力。只要不沉沦，边缘也可以是中心。

上面材料阐释了“中心”“边缘”的辩证关系，对于“中心”与“边缘”你怎么看？请自定文体，请以“中心”与“边缘”为题，写一篇不少于700字的文章。

地球本是浑圆物

刘丙璋

古巴比伦，人们以为身旁奔流不息的幼发拉底河就是世界最中央的“世界之眼”；玛雅人站在大金字塔上，满意地望着四周对称排布的自然天井时，也认为自己找到了世界中心。古代中国，作为自己心中的天朝也处在“天地之中”，视周围之地为四夷。

现在我们拨着地球仪，不妨嘲笑一句：“地球本是浑圆物，谁在中央谁四方。”更不妨追问一句：为什么所有人都以自己所处之地为中心而视他人之地为边缘？

答案很简单，我们缺少一种“浑圆意识”。

缺少“浑圆意识”表现在我们对身边的事情缺少了一点点的耐心。远航的海船驶离港口，尾部的航灯随着船只远离逐渐贴近海面，直至最后消失。这一简单的现象本该立即被用作支持“地球是圆的”的论断，而实际生活之中却在人们普遍接受“地球是圆的”之后成了“事后诸葛”。为什么会出现这种情况？因为“浑圆意识”的缺失，进而我们也就缺少了耐心。我们被约定俗成的观念束缚——“地球即是平的，航灯过于遥远自然看不见了”。所以，想当然地认为没有必要再耽误哪怕是一点点的时间，认真思考观察的过程，仔细斟酌现象背后的真理。我们对熟悉的权威顶礼膜拜，时刻拿起刻板的观念捍卫它，却始终忘记敬畏未知。我们把自己不熟悉的理论斥为“异端”，不愿多花半刻给真理一个申辩的机会，却始终徜徉于以自己为中心的狭小空间。

可是这片刻的等待和小小的耐心对于形成“浑圆意识”是极其重要的。因为只有耐心等待，权威的光环褪去后，真理才会露出笑颜，“中心”与“边缘”的裂缝才会抹平。

“中心”的地位在我们心中理所应当，而且是古已有之。当所有人视自己为中心而贬他人于四夷时，恰恰需要“浑圆意识”敲响警钟，警醒我们换位思考，提示我们多一些耐心破除自己心里“中心”的束缚，告诉我们“边缘”只是个相对的概念——相对于我们眼中的“中心”。

说到底，“浑圆意识”不过是为提醒健忘的我们“地球本是浑圆物，谁在中央谁四方”的豁达之义。

“中心”与“边缘”

杨紫茉

你站在了“中心”，也就站在了“边缘”；你愿意在边缘眺望，也终将成为自己的“中心”。

切莫妄言“自己是中心”，因为中心永远相对地存在。四方无边无界，怎敢安心地认为自己是名副其实的“中心”？因而“中心”一定在特定的范围之内存在，这代表你承认了范围，也承认了局限。你的视野被限制在或大或小的边界之中，无论怎样放远视线都无济于事——你只能成为“井底之蛙”。这也助长了人们的骄傲和满足，安于自己设定的范围，哪里去管天之外、海之外的世界。

这让我联想到一个词汇——中国。我似乎不应这样草率而轻易地联想到它，但翻开史书，那“中原”“华夏”“蛮夷”诸类词语的狂妄不得不让我自揭伤疤。中华文明的余脉绵延至今，无人不引以为傲。曾经我们的先人创造了最先进的生产工具，创制了最文明的典章制度。既而我们称自己是四方的“中心”，他人皆是四夷。“华夷之辨”掩住我们睁眼看世界的视线，万国来朝让我们误以为“宇宙”即是触手可及的小邦。直至与我们一同成长的西方文明洞开了我们的国门，冲破我们为自己框定的界线，方才觉悟：世界这样广阔的“中心”数不胜数，我们所认为的“中心”不过是每一个民族拥护着中的一个。我们倚靠的中心最终在近代被他人赶到“边缘”。

而“边缘”却不同于“中心”，天涯海角都可定义为“边缘”，也不必探究“中心”位于何方。既可以谦虚地承认中心不属于“我”，也可以否定世间一切的“中心”，因为“中心”永远集中于一隅，永远匮乏于广远的“边缘”。

“中国”再次走入我的思绪中。世界已大有改观，不再只有中国，也不应该只有中国。几千年的“世界”中心观念没有牵绊中国走向“边缘”的征程——它荣光依旧。自中华人民共和国成立以来，我们恪守和平与发展的信条，从未企图成为某个区域的“中心”，做那井中的愚人。我们安心处于世界的一极，向各个方向前行不止。我们眺望国家的强盛与未来的幸福。成为短浅的暂时胜利者，中国志不在此。

“中心”让我们自满尊大，而“边缘”让我们谦逊平和，有限的生命应在无边的时空间连通无限之存在，超越局限而获得永恒。

文题回放：

在《香菱学诗》中，香菱学诗着了魔。你在生活中是否有过着魔的事情或见过着魔的人？你对“着魔”有何理解或感悟？请以“说着魔”为题写一篇文章。

要求：

1. 可以从香菱学诗说起，也可以不提香菱、诗词或《红楼梦》；
2. 文体自选；
3. 不少于700字。

说着魔

黄静宜

人生中最危险的状态就是永远舒适。而人们常说的“不疯魔，不成活”从本质上来讲，是一种人性的选择。

大红的幔布扯开了一出折子戏。那唱戏的人听着台下观众不息的掌声与叫好，最终在台上“疯魔”，成了那戏中人，也同时造就了那“镜中花就要留在镜中死”的充斥着艺术张力的美感。无论是戏剧、电影、文学创作……总是会有一些人因为沉溺于一个角色或是一种感受而无法从中抽离。人们会对这种“为艺术献身”式的着魔投以敬畏欣赏的目光，因为笼罩着它的是艺术上的升华，是永恒的光辉。但转念一想，这样的一种着魔何尝不意味着一种人性的选择与困境。

人们塑造出来的自我形象和对自己人格的认知与自己真实存在的内心感受之间产生了一种微妙的错位与分离。所以，人们逐渐开始与相较而言更为残忍的现实世界脱节，寻求另一个心理上的庇护。于是人们才会着魔，会对这种全新的但也最舒适而保守的状态臣服，而不自知。而台下的看客依旧为其所达到的艺术高峰而振臂高呼、呐喊雀跃。

我本来以为这种充满割裂感的疯魔状态只会存在于艺术领域，存在于那深情款款的华丽舞台上。可如今看来，似乎很多人已经成了偌大的舞台上那一个跳梁小丑。如今，我们正在经历着网络时代的萌芽与发展，科技产品每日都在推陈出新。随着社交网络功能的不断完善，人们对互联网所营造的虚假幻境彻底地着了魔。他人的私生活被一览无余，满足了人们似乎与生俱来的猎奇心理与窥视欲。每天曝光的各式新闻使人们不断地分泌着兴奋的多巴胺。文字、视频、朋友圈、时间线……所有的这些已经足以构造出一个完整的全新的“我”。但我却常常感到，这个被互联网所哄抬起来的“我”与真实的自己其实相去甚远。人们在社交软件上展示出的个人形象与真实的自我认知之间在加速脱节。

可即便如此，人们依旧着了魔般的沉溺其中，因为互联网给所有人营造了一个可以躲避真实世界、躲避自我人格建设的绝妙舞台。在这个精巧的舞台上，没有人会揭破你脸上厚重的面具。坐在台下的每一个人都是这个时代“看客经济”下蹩脚的观众，所有人都成了“娱乐至死”的一部分。

而这种永远稳定而舒适的状态，恰恰是人们所会上瘾的，着魔的。而这样的“始终舒适”却是一个格外危险的状态，它意味着，世界每分每秒都在前进，而你却囿于疯魔的怪圈留在了原地。

但是科技对于人类的影响归根结底是人性自己做出的选择。这种过分执着而无法自知的着魔是对人性的一次拷问，也是对这个时代的一次考验。人如何守住自己心底“生而为人”的真实感？如何捍卫自我建设人格的权利？如何在这个混乱的时代里保持“众人皆醉我独醒”的剔透?

从最安然的舒适圈中跳脱出来固然是痛苦的，从长久以来一直着魔的美梦回归现实也固然艰难。但如果一个人因为舞台的绚烂华美、观众的呐喊高呼而被迫进入了一种不切实际的疯魔，那么这样的艺术升华我们宁可不要。

从着魔的状态回归到真实的却也充满苦难的人生也不失为一种人性的选择。

文题回放：

《白鹿原上奏响一支老腔》记述老腔的演出每每“撼人胸腑”，令人有一种“酣畅淋漓”的感觉。某种意义上，可以说“老腔”已超越其艺术形式本身，成为了一种象征。

请以“‘老腔’何以令人震撼”为题，写一篇议论文。

要求：

从老腔的魅力说开去，不要局限于陈忠实散文的内容，观点明确，论据充分，论证合理。

“老腔”何以令人震撼

柯瑜萱

透过陈忠实的文字，我们脑海中勾勒出一幅热情洋溢、撼人胸腑的老腔表演场面，那悠远浑厚的神韵直击人心，观得酣畅淋漓，而这也不禁引发我思考“老腔”何以震撼。在极富艺术魅力的旋律背后，震撼的原因绝非止步于表现形式中极强的艺术感染力和饱满的情感张力，更应是在神韵中生发出的对贴近原点的本真自然生活状态的向往吧。

老腔的产生，源于对质朴关中乡村生活的艺术化的升华，那激昂吼调背后是头戴粗布巾、脚踏黄土、面朝莽原的乡亲们真实的生活写照，正是这源于百姓、贴近大地的旋律自然让陈忠实这位地地道道的陕西人生发出对黄土大地的归属感，生发出对黄原上淳朴率真后生们的喜爱因而心灵深受震撼。陈忠实观得老腔后，无不懊悔于《白鹿原》所描绘的苍茫关中大地上，竟少了几声老腔，少了些许受老腔气韵所浸润过的黄土气息。老腔中面朝黄土背朝天的洒脱吼唱，身着粗布大褂阔步于台上的随性表演，木砖敲击板凳的拙朴巨响，是那样的热气腾腾、有血有肉，仿佛是对平日我们习以为常的“精致生活”的挑战。都市生活中清一色精致的单调渐渐将我们的情绪束之高阁，冷静严谨、精打细算，成为我们不愿却不得不接受的标签。在过剩的“聪明”中，我们忘却了我们的情绪本可以此般大开大合、极富张力，而不必拘谨于周遭的秩序；我们忘却了人的天性本可以此般有笑有泪、坦荡纯粹，扛起长凳都能酣唱一番。老腔的震撼在于它将人们从光秃秃的一片荒芜中唤醒，让我们冲破“精致的拘谨”，解放天性，回归到纯粹亲切的乡土大地，不加粉饰的本真自然。透过老腔，我们的目光，我们的笔触得以在黄土高原乡村里淳朴可爱的后生们身上驻足流连，感受到他们身上扑面而来的一派属于莽原苍生本真，洋溢着生命朝气的阳光蓬勃。

老腔的震撼在于它唤醒了听众内心深藏的回归乡土的归属感，而这归属感本质上是对纯粹随性的自然状态的渴望。老腔这种艺术形式的存在，黄土高原上纵情撒野的后生们的存在，才是真正缤纷多元、热气腾腾的人间，才是不加粉饰的立体生活。它包容了我们的人生百态，大窘迫、小情绪、大畅快、小失落……千般情绪何必郁结于心？通通抄起板凳，甩起头巾，吼出自己的畅快，唱出自己的阴郁，那才随性痛快！

这种对自然率真的渴望绝非止于黄土高原这一地域之内，而是扩而大之灵动于每一个国人的心里，仿佛是民族禀赋一般，潜存在中国人的一滴骨血之中，本能地唤起心间对原点、对本真原生态心灵旋律的共鸣。不然在中山音乐堂或许连陕北方言都听不懂的观众们又是如何强力呼应，深受震撼的呢？两千多年前，孟子的一句“大人者，不失其赤子之心”似乎已为民族禀赋中对本真自然向往的本能埋下了种子。“永葆赤子之心”的禀赋，让我们对善良、率真、淳朴心向往之，让我们与承载哺育着数代莽原苍生的自然乡土引发共鸣，让我们对如婴儿赤子般源于原点、不加粉饰的“真性情”心生憧憬。而老腔诉说的正是这样一群率真可爱的人们，描绘的正是贴近生命零点的质朴大地，赞颂的正是本初的自然生命态度，因而在听得老腔过后，每个人心间或被繁华生活所抛下，或被眼前苟且所掩埋，或被精致单调所蒙蔽的对本真自然的渴望都会不禁被唤醒，让积蓄已久的民族禀赋得以盛情绽放、心生震撼。

发自久远时空的绝响，饱含大地气息的神韵，专属于本真自然的旋律，勾起我们心间率真的赤子情怀，勾起对有笑有泪、大喜大悲的多彩人生魂牵梦萦的渴望，让我们心生共鸣，震撼随之而至。而在这直击人心的震撼之后，想必也将拨动我们的心弦，让我们从过剩的精明、精致的拘谨中逃离，回归拙朴甚至粗笨的不加粉饰的自然与真诚。

“老腔”何以令人震撼

张雯琪

锣鼓敲响，喇叭嘶鸣，板胡、二胡、月琴合奏起来，雄浑的关中大地深处，传来“老腔”的嘶吼，盖过渭水波浪的涛声。周秦汉，几千年来，老腔没有因为战火纷飞而消亡，没有因为朝代更替而中断，没有因急于盲目追赶不断快进的时代浪潮和一波未平又起一波的外来文化冲击而散失自己的味道。它固执地，铿锵有力地萦绕在黄土地上，坚守最古朴的旋律。

这样的老腔，何以令人震撼?

我想，或许就是它那不加任何粉饰雕琢的原始表演，直击人们内心最真诚的部分。在这个充斥着五光十色迷离泡沫的娱乐时代，套路是演员最常走的“路”，包装是明星最美的“妆”。还有谁能像这些表演“老腔”的老艺术家们一样，没有华丽的演出服或者名贵的乐器，就身着粗布长衫，拿着自家院子里的、锅灶间常见的必备之物，信步走上台去，开嗓高吼一曲，一如每一个农闲的间息，坐在自家的田间一样泰然自若却充满激情。情至深处，竟一跃而起拎起长凳用木砖敲击，用这最质朴直白的方式，吼出心中最美的期盼。

老腔的表演方式充满了乡土气息，但它的大气风格，却让每一位听众瞠目结舌。它没有拘泥于小老百姓间冗长乏味的家长里短，也不似小资情调的慵懒迷醉。“天河里舀起一瓢水啊，洒得那星星挂满了天”，颇有一种“天台一万八千丈”“飞流直下三千尺”的雄伟气魄，将秦陕人民豪放粗犷的性情展现得淋漓尽致。

如果说质朴本真的表演和雄伟大气的风格仍停留于表面的形式，不足以令人荡气回肠的话，那么唱词中包含的对家乡田地深沉的热爱和与苦难斗争不屈的精神就将老腔抬上了一个新的境界。它已经不再是一种艺术形式了，而是黄土地上人民的精神象征。“不怕汗珠子摔八瓣，老百姓看的是日子甜。”这些质朴的人民啊，将毕生的热血倾投于黄土地之上，汗水和泪水是生命厚度的化身，融化在每一片庄稼里，凝结在老腔的余音里。

看似粗犷的老腔却成了生活最细致的观察者。这么多年，它默默盘踞于猝不及防地挺近现代人的生活，带着它的使命。它在奉劝人们快快地放弃所有累赘的套路、包装、虚伪和“兜圈儿转”。直白地吼出生活的愿景，重新找回“将心比心”的能力；它在警告人们要放眼于星空与山川之间，以开阔的胸襟和不挠的气概回应生活，才能收获生命的意义。

这样质朴的言语，这样雄伟的情怀，这样深沉的大爱，这样的老腔，怎么能不令人震撼呢？

文题回放：

小说《阿Q正传》中，阿Q后来因“恋爱问题”被赵秀才打出门外。为讨生计，被迫进城入伙偷盗。辛亥革命波及未庄时，他从县城返回，虽一向反对“造反”，但见百里闻名的举人老爷对此惊恐万状，于是也不免对革命“神往”起来，正当声称“造反”，并沉浸于幻想之中时，摇身一变为“革命党”的假洋鬼子扬起“哭丧棒”，不许他革命。赵家遭抢后，无辜的阿Q又突然被“革命党”抓进县大牢……鲁迅为阿Q设计的结局是被处决。请你发挥联想和想象，以《假如阿Q走出大牢》为题，续写后面发生的故事。

要求：

联想与想象要符合原著社会环境及人物的基本特点。

假如阿Q走出大牢

张云霁

不知道又在一张什么纸上画了个圈，阿Q就这样被放了出来。对他来说，出不出大牢并没有什么差别，阿Q甚至更愿意待在牢里。牢头每天放饭都让阿Q享受了一把被人“伺候”的感觉。“举人老爷才有的待遇，”阿Q想，“我们赵家人才有的待遇。”而且，他现在是牢里最早进来的。对着新关进来的犯人，阿Q觉得自己就好像成了这里的管事。现在出来了，也不好回去，阿Q也就不再想怎么当上这牢里的老爷了。倒是这一次，圈画得比上次那个圆得多，这令他很满意。

不过在牢中过了几个月，阿Q好像不认识未庄了。赵老爷的府邸换了牌，门口多了一排扛枪的。里头住的新老爷不再坐轿，而是坐一种有四个轱辘的黑东西。阿Q想走近看看，却被拿枪的挡住了。“这儿子才玩儿枪呢！不知这新老爷怎么养了这么多儿子。”

街面上还多了一座牌坊，听人说是那吴寡妇的。县上本是不许建的，经了阿Q那档子事儿之后特批的。阿Q听了，哈哈大笑，心里想：“这牌坊还有老子的一半。”于是他便像得了什么了不起的成绩，昂着头走在路中央。

一路上又听到些人说起赵秀才和假洋鬼子了。这赵秀才已成了新老爷的师爷，说是因着赶阿Q出门有功而被赵老爷举荐的。假洋鬼子则因着一个革命党的名儿进了新老爷的军队，不再拿“哭丧棒”而是改拿枪了。“呵，这哪件没有我的功劳！”阿Q想着，将头抬得更高了。

“嘟！嘟！”未等阿Q回头看是什么东西叫便被抛到了半空。他看清了，是新老爷的黑轿子。

“这谁呀，不知死地挡道！”轿子里走出一个女人，齐耳的头发烫成了卷儿，身上的旗袍绣着大朵大朵的红牡丹。这个人，阿Q认识：“小……小……”指着对方的手慢慢滑落，眼睛也失了焦。“小尼姑！”阿Q只能在心里默默地说。虽然他很想喊出来，问一句“为什么”。“不过，我看女人的眼光总是好的。”这是阿Q最后想到的一句话。

“乖乖！”小D正巧从此地路过，“这个阿Q居然连汽车都不认识。”

假如阿 Q 走出大牢

梅雪蕊

阿 Q 从那满是“大官”的县大牢中走出来时，身上还穿着那件空空荡荡的白衣，像一堵新粉刷的墙一样的白色衬得他头上的癞疮疤愈发显目而丑陋。

他在白晃晃的日光下呆立了一会儿，内心实在是不太明白自己是怎么在鬼门关前走了一遭却又终被拉了回来。他想着所有可能发生了的事情，直想到脑疼眼晕，却也终究不明白，最后只好继续完成之前的工作：惋惜那个被他遗憾毁掉的“圈”。

哎！我怎么能画成那般瓜子样的一个圆圈呢！嗨！这本没什么，傻子才画得最圆。

但也许是觉得以后不会再有弥补这次失误的机会了，阿 Q 慢慢走了几步，又忽地蹲下身，开始在地上用手指摸索着练习，练习如何画一个圆满极了的圆圈。

渐渐的，他却开始不满于此。他一屁股摔坐在地上，用手指点着那些歪扭的圆圈痕迹，在心里默默念着：这个瘦长，是“假洋鬼子”；这个肥圆，是赵家老爷；这个有棱角，是吴妈；这个勉强还比较圆，是小 D 吧。

他点着那些圆，像终于敢用手指点着那一个个人，不免自得起来：“这些圆是老子画的，这些人也就都是老子的儿子，总算是儿子把老子抓起来了！”

阿 Q 满意地起了身，不顾路上行人的指点，踱回了未庄。

可是，这未庄街上的人呢？白晃晃的日光下，为何街道也这般空空荡荡？

阿Q开始感到有些慌了，他像没头苍蝇一样转了几个圈，才终于向赵家奔去。

赵家大门开着，赵老爷坐着，喃喃念着："又是革命党，又是革命党……"

阿Q不明白，"革命党"不是把自己抓进县大牢了吗？可这又干赵老爷什么事？转念又觉得，难不成是"革命党"终于肯允许自己加入了？所以才会把自己放了，还惩罚了扇过自己一耳光的赵老爷？

他也不管真相到底如何，只一味自得自快，直到有点遗憾他们怎么这次又没叫上自己。虽然有些惧怕"革命党"的大官，可他也很想"革命""造反"的啊……

阿Q转出来，进了旁边另一条街，却忽然被几个穿着"革命党"衣服的人高马大的壮汉捏住了。

"你是干什么的？"那人问。

阿Q结巴着不知怎么回话，内心怀疑他们不像是"假洋鬼子"一拨的。无暇思考自己到底算不算"革命党"，直到他听见小D的声音从旁讨好地答："他就是个无赖、傻子，什么也不懂的。"

阿Q正要反驳，却又被粗鲁地往前搡了一把。那抓着他的壮汉也松了手，不屑地扫了他一眼，轻嗤一声道："我看也像是个傻子。"大步走了。

小D经过时低声告诉阿Q，是新一拨、另一派"革命党"，又劫了赵家。"假洋鬼子"要自顾不暇了。

阿Q一愣，蹲了下来。

所以这就是自己被从大牢里放出来的原因？因为又有别的"革命党"来了这个小小的未庄？"假洋鬼子"无暇看顾自己了？

他似乎是不太高兴的，不解于既然有这么多各式各样的"革命党"，为什么没有哪个愿意接受自己呢？"现在的人已经眼瞎到识不出我这个革命人才了吗？"他很是为自己感到不平。

但正欲再嘲笑一番那些"有眼不识泰山"的粗鲁之人来安慰自己

时，阿Q忽然想起了那些在地上练习了好久的圆；想起那个他在大人们面前使尽了平生力气想画好，却画成个瓜子模样的圆；想起了身上的白衣和大牢里那让他感到白茫茫一片的墙壁——又终于想起了那黑洞洞指着他的枪口，和他那一瞬间似是痛苦又似是解脱的呢喃。

他不知道这样的“革命党”会不会再来一拨又一拨，自己又会不会被一次次抓起来，而当哪一日自己进了大牢后却不再像这次一样被放出来，大概这样的日子就终于到头了吧。

也不知那时是个什么光景，只怕是又有孙子要砍老子的头。唉，孙子总是打老子，这是个什么世道！

议论文

历史的尽头

从一头牛说起

王天翼

庖丁解牛，十九年，而“刀刃若新发于硎”，大概经历了三重境界：最初他“所见无非牛者”，目中只有牛，其用心倾情可见一斑，处于“激情”境界；三年后“未尝见全牛也”，达到了“规律”境界；至于“官知止而神欲行”的时候，“依乎天理”，就已然堪称“浑融”境界了。这第三重境界是简单的、抽象的，所谓“沟通天地”的境界，其形态应该是一片混沌。

我们可能常常将“混沌”理解为“混乱”“无序”，其实恰恰相反，这“依乎天理”中的“天理”“天地境界”，也就是无意识的混沌状态，恰恰是最和谐、最简洁、最有序的。“无，名天地之始；有，名万物之母。”我们不妨把“天地”与“万物”分开理解：“天地”的本源是“无”，从中生发出来的“万物”，包括庖丁所解的牛，都是“有”。庖丁解牛的过程，正是在“有”与“无”间建立联系的过程。

这又引出一个问题：为什么庖丁解牛一定是十九年？广杰老师认为“十九年”非实指，而是虚指。“十九年”在中国古代有着非凡的文化含义：晋文公流亡、苏武牧羊均是十九年，在文化意象上有一种“轮回”的感觉；巧得很，农历历法中的“十九年七闰”，也以十九年为周期。经我查证，“十九年七闰”最早在春秋时就已出现，庄子完全有可能是用这十九年“激情—规律—浑融”的历程，来阐发大道轮回，“无中生有”“道不远人”的思想。

尽管思想流派不同，庄子笔下庖丁所经历的这三重境界却与《论语》中“兴于诗，立于礼，成于乐”的论断惊人地相似，都是人对于生命的层层递进的解读。同样，对于“养生”二字，我们也可以从中读出三层意味：最浅层为“养生活”，即解牛解得好，工作效率高，主家有赏等；第二层为“养生命”，即滋养个体生命，从中悟得“知止”“神欲行”“踌躇满志”等人生哲理；第三层为“养生灵”，即包纳群体生命，将一切纳入生生不息的循环。

这些解读，都是在简单的文本之上做“加法”，才使文章内容变得厚实丰满。换句话说，文化层面的东西，与其说是先人写下来的，不如说是后人捧着一颗赤诚之心，“六经注我”地读出来的。正因这样，简单的文字中才能承载丰厚的文化内涵，让人为之迷醉。

庖丁之于牛，正如人之于文化。庖丁并非在“杀生”，当他怀着“独与天地精神相往来”的心态解牛时，已经创造了更多的“生命气息”——不是在“减”，而是在“加”；不是在“破坏”，而是在“创造”——“鹏之徙于南冥也，水击三千里，抟扶摇而上者九万里，去以六月息者也。野马也，尘埃也，生物之以息相吹也”。庖丁创造的就是这种“生物之以息相吹也”的感觉，是一种生命生生不息的悸动，一种原始的、蓬勃的悸动。

这种悸动，正源于文学的加法，哲学的加法，生命的加法。

庖丁解牛，陈平“解肉”。《史记·陈丞相世家》载：“里中社，平为宰，分肉食甚均。父老曰：‘善，陈孺子之为宰！’平曰：‘嗟乎，使平得宰天下，亦如是肉矣！’”

怎么样？也是“加法”，在简单的“分割”上添加了“均匀”的含义，赋予其“平治天下”的内涵，这也是文化表象上附加文化精神的体现。

《中国古代文化》大学先修考试中，有一道名词解释的题“指南针”。我一直在想：标准答案会是指南针的科学定义吗？我不会有机会知道标准答案，但我坚信，不会。因为指南针一旦被纳入中华文化的范畴考量，便绝不仅仅是一个科学概念，而是一个文化符号。黄帝造指南车以战蚩尤，“指南车”承载的是中华民族的向心力；如今生活中受地图标准影响，多用“指北针”，古代用“指南针”盖因面南背北为尊，其中包含庄严的礼制；《韩非子》载“先王立司南以端朝夕”，方向的确定，对一国而言是因袭正统的大事；文天祥有《指南录》，又有“臣心一片磁针石，不指南方不肯休”的句子，方向在他心中是“信仰”“道统”的象征；郑和下西洋用指南针，又承载着泱泱大国的自信……

文脉，从未断绝；文化，充满内涵。

人的心，大概和拳头一样大。握紧拳头，我们可以开天辟地，激浊扬清；摊开手掌，我们又可以静听风吹过掌心的温度。

文化的内涵怎么读，在于我们。文化生生不息，很大程度上应归功于后人的生命体现和解读。文化“元典”便也在一代代富含生命温情的“叠加”之下，日渐丰盈厚重，生动鲜活。

诸葛亮论

郑悦冰

诸葛亮，字孔明，琅邪阳都人。佐蜀国二主，抗曹联吴，祁山六出，才可命世。鞠躬尽瘁，死而后已，可谓忠矣。然此等之忠，亦待商榷。

亮自幼不幸，三岁丧父，七岁丧母。宿叔父家，不及而立，其叔亦逝。意冷心灰，隆中隐匿，真龙卧野。样貌俊秀，自比管乐，世人莫许，惟崔徐信然。尝作歌以自娱，诵诗以自志。纵知天下大事，亦无用武之地。故其出庐以助刘备，非备之德感之，乃亮择备为主，以尽争天下之志也。

亮名不显，故攀黄家，娶妻阿丑。借岳丈之名，遍交名士。其友徐庶，知其才而荐于刘备，备由是而三顾。茅庐相见，纵谈天下事，使备称善。谋计歹毒，欲伤宗亲，窥夺荆蜀。备深以为然，遵以循之。虽天下终三分，然备已不复仁德之名也。

初出隆中，大败曹军，三军信服。刘备大悦，如得水之鱼。日情渐密，亮乃得入中枢。此亮才德之初显，足见其英雄之本色。

时刘备客荆州，刘表之长子琦，亦深器亮，尝求计以自保。亮以此为契，图谋荆州。离间兄弟，令琦远赴江夏，以待后日，拥兵以夺权。不料以是为祸根，刘表卒而蔡氏嫉，曹操攻而刘琮降。大好荆州，狼烟一片，乱其谋划，败走樊城。此诸葛之失策也。

刘备至夏口，曹操逐之。亮奔走东吴，以求联合。孙权亦有其意，一拍即合。然演义多有不公，减孙周之功绩，削鲁肃之谋计，增诸葛之威仪，何其谬矣。虽诸葛实有其功，然无吴侯之意，何至于此？且刘备新败，荆蜀未立，兵不足万，何以抗曹？乃知抗曹之大功是归于吴也。赤壁之战，实权借备仁德之名以抗操天子之旨，而以其兵应操之雄师也。故赤壁一役，亮未竟其功，而周瑜展其英姿也。是以东坡有赞：羽扇纶巾，谈笑间，樯橹灰飞烟灭。

赤壁战后，天下三分，曹操无力，孙权疲敝。亮是以夺荆州以据天下。欲成大事者，必不拘小节也。刘备入川，会刘璋以扼张鲁。备不以盟约为意，出其不意攻其不备，自葭萌还攻璋，连下数关。亮自荆州来，与张飞、赵云率众溯江，与备共围成都。成都破而刘璋降，备遣其至荆州，实夺其权也。时刘备占二州，三分天下有其一，终得以逐鹿天下。

后曹操崩而曹丕立，年轻气盛，废献帝以自立。丕既为帝，昭告天下，刘备、孙权蠢蠢欲动。建安二十六年，备得巴蜀已十年，臣皆劝备称帝，备佯作不应，亮又劝，备乃应。书皆言备欲讨篡汉之魏而即帝位，吾不信也。备割据一方，夺兄弟之家业，面厚心黑，岂为天下怒之匹夫耶？帝未死而备自立，何以谓之兴复汉室？所谓兴复汉室，当奉献帝，备何其不为？盖其有争霸之心，方有忠义之士。战场拼杀，乃为侯爵之高位也。倘备无争霸之意，则何以割据，何以偿将士之愿，终人心离散，备将无威而任宰。知其始未必欲为帝，因性命之忧，不得已而为之。此诡辩之言也，倘无为帝之志，则璋表之恨，何人当受！此备之本愿，非时之过也。亮深明之，故运筹帷幄，当其时而再劝，已成备仁德之名。或曰“大势为之”，岂非诸葛之谋划耶？

章武三年，刘备病危，于永安召亮，嘱托后事。言亮才十倍曹丕，明赏暗警。乃令亮呕心沥血，既才十倍，当远胜于丕，蜀若亡于亮手，黄泉之下，亮必无颜以见备。是故亮鞠躬尽瘁，死而后已。又言若禅无才，彼可取而代之，帝之多疑，可见一斑。此实以性命之重以震诸葛，迫亮以言忠。既言忠，学士重信义，亮若反，必遭天下之唾骂，声名将败甚于曹操。此一言，则后路皆断，亮惟佐禅也。

刘备崩而刘禅立，封亮为武乡侯。亮以先主新丧之故，未出兵南中诸郡，而与吴为与国。此时事之变化也，故人已往，旧恨已消，亮得以重盟而得休憩之时令。不可不谓之老谋深算之辈也。

三年春，元气微复，亮即率众南征，至秋全平。于是操练军务，筹备物资，治戎讲武，以俟大举。国泰民安，百姓富足，将有所为。

五年，亮将率众北伐，上出师一表，安插亲信，荐郭攸之、费祎、董允主内，向宠主外。句句不离先帝，短短七百字文，竟二十余“先帝”，纵刘禅宽宏，安可受此气耶？故北伐之返，实非禅之不智，而亮之自致也。历数君主之罪，岂为臣之道耶？亮之误，乃终视禅为孩童，以其不可掌大业。由是则大权独揽，不知君主之忌，功高震主，且阵营明布，亮之势成而禅惧之也。若其北伐成，曹魏灭，蜀势强，安知其不欲取禅以自代耶？于公，亮之征，六出祁山而六归于蜀汉，未有寸土之功绩，而劳民伤财，蜀国疲敝，不可不止也；于私，亮之势，威望高而群臣服，无帝之威仪，帝位有损，天子式微，必止之也。禅不愚，反之则甚慧。禅之降魏，实顺大势而为之，“此间乐，不思蜀”之语，亦为自保而言之。君不见吴侯之铁骨铮铮而命之不可久留乎？大智若愚，此禅之智也。诸葛孔明，未必大忠，实权臣乱国，君权旁落，状若司马仲达之类也。

亮之治军，颇有才干，戎陈整齐，赏罚肃而令明，与曹军战而多胜。奈何岐山之地，山势险恶，阻其粮道，断其补给。亮可胜而不可侵片甲之地。且五虎之后，蜀国无人，惟魏延、马岱可堪一战，奈何魏延脑后反骨，不可深信之，廖化之辈竟为先锋，人才稀缺，又何以为之？此所谓不识时务也。

况亮之用人，甚为不精，刘备曾言马谡不可用，亮不自信，果有街亭之失。亮之为人，甚为可敬，挥泪斩谡，又自请谢罪，自降官位，实知耻而后勇之人。由此观之，不避责难，有所承担，终将有所大为。亮之此举，亦扬其声名，故刘禅阻之，不令受罚，然亮之权大，天子之言无效，亮终受其责。诸葛之谋，欺瞒世人，虽官职降而权未减，所总统依然如前，此谓受罚欤？

至于亮之巧思，木牛流马、诸葛连弩，实其丈黄承彦所为之，亮不过一欺世盗名之辈也。纵如此，亮用之于战场，亦有所获，不可不谓之才也。

亮之素志，进欲龙骧虎视，苞括四海；退欲跨陵边疆，震荡宇内，实为大志。奈何其连年征讨，恐志之不达，徒耗国力，不可掩其罪也。蜀汉之亡，非亡于刘禅，实亡于诸葛。因亮之六出，国力日衰，吴魏窥伺。幸事无大小，亮察之必细，五十余岁终葬于五丈原上，不担覆蜀之名。悲乎，刘禅之慧，无处可展，国之将亡，非人之过，实天道也。大厦将倾，无栋梁以支。时耶？命耶？乃知天意之不可违，合久必分，分久必合，此一统之前兆也。

世人常言诸葛亡而蜀汉亡，吾不信然。彼之蜀汉，成也诸葛，败也诸葛。刘备得亮而鱼跃，刘禅因亮而龙卧。亮之素志，终难为之，攘除奸凶，兴复汉室，还于旧都。此不合时宜之志也。自董卓乱京之后，天下军阀割据，汉室没落，终无可救。然既为其志，纵与时不符，亦竭力而为之，此人生之博弈也。吾自知才疏学浅，无可评论诸葛，然知其为之而奋斗，亦自觉崇尚。此亮之终将为世人所敬仰之由也。

天下三分，北有曹操官渡之战，南有孙刘赤壁之役。然我泱泱华夏，自我内斗，逐鹿中原，不望外界。若三国合而攻外国之所在，谁可阻之，安能不胜，安能不克？缘何故而内斗不止欤？盖中原之富贵矣。富贵何来，百姓之劳作也。奈何三国争斗不休，烧杀抢掠，迫人民流离失所，此战之罪也。操率青州兵，劫百姓之财物；权领东吴兵，夺百姓之耕地；备带西蜀兵，致百姓之失所。呜呼，君为舟，民为水，水可载舟，亦可覆舟，三国之割据，何可尚存?

星空浩瀚，日月同光，天地无极，盛世将至，国终归一。凡夫俗梦，乱世英雄，转头成空。历史斑驳，不知所谓，纷繁复扰，何处归途。大丈夫生于当世，应有所达，纵难流芳百世，亦不可遗臭万年！

天地玄黄，宇宙洪荒，世间烦扰，终将消亡。天外有天，人外有人，纵为英雄，亦为蝼蚁。何处归去？徒留踪迹。君不见董卓烧宫惊天地，诸葛伐魏动乾坤。日月有其穷焉，而天地无所尽。雏燕窥鲲鹏，振翅破万里；金锦观真龙，腾身波浪起。鲤鱼跃龙门，化作金龙矣。东方有神龙，翻跃动天地；西方又有犼，动辄食神龙。天下无穷尽，何处是终程？龙犰相生克，何物是终极？天下之浩瀚，世人之莫及。宇宙之浩渺，世人之难察。万物之玄极，世人之有尽。庄周梦蝶，不知周蝶之别。世人一梦，可知其梦为现实或梦为梦乎？人生百态梦一场，谁人得解其中味？

千年逝，昔日王阁宫阙，今日砖地一瓦。世事变迁，岁月无情；百转轮回，几多人生。昔日言兵萧瑟处，今日对酒舞清风？人生大梦，谁可醒得？谁可醒得！

不知昔诸葛丞相，今可安在？

对酒当歌，不甚悲夫。

不合时宜之辈，今尚有乎？

夕阳下的奔跑

代孟洁

如何才是精神解脱之道，这是人类自有哲学以来便试图去钻研清楚的问题。然而在钻研过程之中，有人发现，要想搞清楚这个问题并非那么容易，甚至有时必须先把自己弄糊涂，才能接近问题的答案。换句话说，这个问题的答案，似乎本身，在于不解。

一个人什么时候开始睡着的？一个人什么时候开始不爱另一个人的？一个人什么时候开始精神解脱的？这三个问题的本质是相似的，但可谓是世界几大未解之谜，第一眼看上去十分简单，细细想来，又深感玄妙无解。如若非要试图去想破这些问题，最终往往是落入精神漩涡之中，无法自拔。不信，你可以尝试在今晚睡觉之前，钻进被窝，躺在床上，认真地开始思考第一个问题，那么你一定会经历精神和肉体上的双重翻滚煎熬，最终注定失眠。

于是我们发现，这个世界上似乎有那么一些事情，你是永远也找不到答案的，甚至可以说，绝大部分事情，从最细微的生活小事开始，都是一个个巨大的精神漩涡，愈接近它的中心，便愈容易被吞噬。但是如此一来，我们便不要思考了吗？我们便要把我们似乎从前深陷泥潭的双脚不顾一切地拔出吗？

古往今来，多多少少领悟到了这一事实的人们并不少见，但他们对此的反应，或是反思，却是大相径庭。不乏有人在刚开始发现这一事实时，从内心深处为人类感到悲哀，他认为人类在浩瀚的宇宙之中实在是太过渺小了，渺小得甚至比不上上帝手中的玩具。我们想破了头去探求的东西，原来直到自以为接近答案的时候才发现，那不过是侥幸触碰到了上帝脚边的一粒尘埃。而那尘埃又是从何而来的呢？上帝根本早已记不得了，也根本毫不关心，人类便去寻找吧，直到自己也变为尘埃。这些人是痛苦的，因为他们发现这个过程是一个可悲的循环，而自己作为人类，似乎永远都逃不出这样的宿命。但他们又有自己对自己的一种慰藉，他们嘲笑无知的世人，“你看这群傻子，真相信自己能够掌握到真理，可笑啊，可怜啊！”自以为自己是聪明的，是凌驾于世人的，是知晓了人类命运的幸运的家伙。只是他们也只剩下这一点点乐趣了，大多数时候，他们还是在愤怒地质问上帝与绝望地同情自身中度过。

上述这类人中的极端之一便有安提斯泰尼，也是犬儒主义的创始人第欧根尼的老师。他最出名的事迹其实并不在于他在哲学方面的贡献，而是他的嘲讽功力。他为了嘲讽那些传播哲理思想的演讲家，曾经花一铜板买了一条臭咸鱼，在演讲家讲得慷慨激昂的时候拎着咸鱼在场中绕了一圈。在所有人都对他投去惊异的目光之时，他对演讲家说：“你看，所有人宁愿看我这一铜板的咸鱼，也不愿意听你演讲。”他的嘲讽功力可谓是登峰造极了，但这样的快乐给他带去的是什么呢？后人有一句对他的评价我特别喜欢，他说：“安提斯泰尼，你是一只强悍的斗牛犬，终身都在撕咬你的灵魂。”

说起安提斯泰尼，就不得不提到苏格拉底——安提斯泰尼的老师。据说安提斯泰尼曾经不停地向老师追问：为何您能受到那么多人的追捧？可苏格拉底从来没有回答过他。于是安提斯泰尼便一直跟在老师身边，默默地观察。长久之后，他发现老师不管是对谁，都总是一副淡定的态度，似乎从来都没有什么太大的情绪波动。于是他顿悟了，老师这真是对其他人最强大的嘲讽啊！原来正是因为他能够如此高超地嘲讽别人，别人才愈发地想要去追捧他啊！安提斯泰尼自以为领悟到了老师的真谛，他自以为苏格拉底的淡定是在嘲讽别人，但他永远不会明白，苏格拉底的淡定是来源于内心深处真正的宁静，他从未想过要去嘲讽任何人，因为他根本没有在意过他们对他的追捧。而这，是安提斯泰尼达不到的境界，因此他穷尽一生也没能理解，而是在另一条路上越走越远。

回到最初的那个问题，怎样才算是精神解脱之道？哲学家，抑或是平凡人的思考到底有没有其存在的价值和必要性？相对于上面的那类“斗牛犬”，苏格拉底的回答是：真理掌握在上帝的手中，人类只要快快乐乐地去追求就好。他不否认人类的渺小，他也不否认真理的不可获得，但他却是真正能够获得精神解脱之人。漩涡之中的人们被吞噬的原因在于他们总是四处扑腾寻求出路，殊不知若是抱紧一块木板不再挣扎，只一心上浮，便能脱离那团混乱；深陷泥潭无法自拔的人们若是也抱紧一块木板而非胡乱蹬踢，也不至越陷越深。而相信真理的存在，便是那块生死攸关的木板。

相信真理的存在并不意味着相信你能得到它，相反，它有可能意味着接受自己无法得到它这一事实。而正因此，追寻才有了意义，才有了方向，才不至于陷入可悲的循环。人类的渺小在此时不是悲哀，而是幸事，它允许我们去追寻，而这追寻的过程，本身是快乐的。

什么才是精神解脱之道？第三次问到这个问题，却和前两次的问句带有不一样的色彩。这一次的询问，不是为了得到，而只是为了提出。在提出的过程之中，有些答案早已找到，不言自明。

精神解脱是一个永恒的状态，它不是凝滞的，也不能简单地说成是流动的。它只是一个状态，存在于每一个当下，又联结着每一个当下，它让人生得以获得真正的自由。

而追寻真理的过程就像是夕阳下的奔跑，看似向着落日而去，却是迎着朝阳的初光。

从“自挂东南枝”说起

耿彤岩

记得2013年年初曾流行过一首歌，名为《自挂东南枝》。此曲的歌词是由许多句毫不相关的诗词组合而成，虽是毫不相关，却十分押韵，读起来朗朗上口，且某些诗句组合起来营造出一种别样的意境，如“相见时难别亦难，一别西风又一年”。歌曲走红后，对其的评价褒贬不一，有人认为此曲中包含许多优秀诗句，有益于普及诗词文化。但也有人认为这种误用诗词的做法破坏了古诗原有的意境，如“自挂东南枝”一句在曲中完全变成了搞笑意味，此做法会对文化传承造成严重消极影响。对于此类做法，我们应如何看待？

网上有一种调侃的说法：“不少学生听此歌时快然自足，直呼好听，到考试默写诗词之时便疾痛惨怛，后悔不已。”虽是调侃，却也反映出了这样“断章取义”的弊端。首先，断章取义出的诗句意境不完整，若是与其他诗句组合产生新的意境，甚至可能造成曲解，以及正式场合中诗词的误用。其次，歌曲的传播使得一些诗句“变味”，如“自挂东南枝”一句，日常提及时，其目的更多在于“调侃，表示一种懊悔的心情”，而非原诗的悲壮。不过，从另一面来看，歌曲的传播势必会造成大量优秀的诗句为人熟知，唤起人们对优秀古诗词作品的关注，是对传统文化一种另类的发扬。因此，是利是弊，无法轻易下定论，取决于听众自身的态度。

不由得想起前一段时间广电总局下达的一道新规：杜绝不规范成语习语用法，禁止媒体生造词语、乱用成语。广电总局的出发点是“不能因为肆意乱改乱用造成文化断代和语言混乱”，在汉语使用越来越随意及网络语言发展的背景下不无道理，但一味禁止是否“矫枉过正”？因口耳相传造成俗语误传的例子自古便有，如“三个臭裨将，顶个诸葛亮”中“裨将”误传为“皮匠”。另有许多词语在流传过程中变成了另一种含义，如“走”古义为“跑”、“是”古义为“这”、“信”古义为“实在”、“空穴来风”古义为“有根据的事”等等。虽是“文化断代”，但并未造成所谓的语言混乱。语言不是一潭死水，它为人所用，在传播与使用的过程中就必然会与其最初的含义产生偏差，就像民歌在传唱过程中各地民众会根据喜好对其人为加工一样。再者，“双关”本为汉语的魅力所在，用法得当时效果非常出彩，在习语中偶尔使用无伤大雅，更何况许多歇后语就是以此为根源诞生的！

总而言之，依我拙见，在文化发展传承的过程中，适当的“另类运用”和改动是可以接受的，甚至是必要的，白话文的出现、发展与普及就是典型的例子，汉字的演变也当在此列。文化不该成为一本历史书，而应结合传承与吸纳，不断创新发展——文化总是以“人”为本的。

熔炉下的现实

黄静宜

大概总有一些历史是不被人们所知道的。关于二战，我们知道集中营，知道大屠杀，但我们不知道地雷区。二战结束后，德军战败。德国俘虏被要求前往丹麦海滩清理他们在战争期间埋下的地雷。据历史记载，大概有2000多名德军俘虏徒手排除了约150万颗地雷，而其中死伤达到一半以上。而《地雷区》是丹麦和德国合拍的电影，讲的就是其中一支排雷小队的故事。

我们回过头来想，丹麦军人也并没有错。纳粹在二战前后一直都被当作是魔鬼来看待，即使是孩子，那也是魔鬼的孩子。战争机器驱使着敌对的双方不顾一切地仇恨对方。纳粹当年对于犹太人的清除，有一个前提性的基础，就是一点点从语言和行为上将后者“非人化”，时间长了，对其下手时已心无芥蒂。而如今，似乎一切都开始悄然翻转。历史往往就是这样，“兴，百姓苦；亡，百姓苦”，莫名被卷入政治风云里蝼蚁一般的普通民众就是历史的祭品。

丹麦拍摄《地雷区》这部电影，把远去的历史揭露给世人看，很有勇气。一个国家有反思历史、正视历史的勇气，这很不容易。丹麦没有背负战败国、法西斯的历史恶名。而战争中无辜死伤的人们的故事，虐待、羞辱战俘的行径或许永远都不会被披露。但是如果人心中的炮火不能停止，硝烟就不会弥散，那战争永远都不会结束。地雷不仅仅埋在地底下，也埋在这个国家每一个人的肋骨之中。

这个世界上，时间的洪流的的确确可以冲刷掉一切有关的、无关的。时间在挑选着历史，历史在挑选着政治，政治在挑选着人们苟且活着的资格。战争离我们所身处的和平年代太过遥远，人人都深知和平的来之不易，却从未意识到求生之艰难。什么所谓的战败国与战胜国，在历史面前，在被压碎被遗忘的文明面前，竟是一样的悲哀，一样的不值得同情。

人们感叹天灾人祸里乍现的人性光辉，唾弃咒骂那些因为战争而变得完全丧失人性的畜生。我们都是在以一个局外人的视角审视着历史，用我们从理论书籍里看到的不同学者发表的不同见解来评论历史的成败与国家的兴亡。

而那些组成战争、发起战争、结束战争的千千万万的活生生的人最终不过是一些数据统计里面的一个数字。没有人知道他们的故事，没有人知道他们曾经也是鲜活的存在，没有人知道他们经历过为善为恶的终极抉择。在庞大的文明体系面前，我们都太无足轻重了。

这可能就是战争片存在的价值，在宣传爱国主义教育之外，不如让人们看看人类曾经走过的路。那些被迫参与到战争之中的人不了解政治，没有闲心关心政治，甚至不知道战争究竟因何而起。但他们曾在这片土地上血拼过、恨过、放弃过、暴戾过、卑微过。而我们所有的只不过是一个时间旅行者的视点，丝毫无法介入，只得长久地沉默。

人人都痛恨战争，可人人都无可奈何。世上没有什么可以治愈战争的伤害，时间也不能。文明被压碎，最后连山水也枯干。我们实在是太害怕面对这样的真相了。

2011 年韩国最具争议性的电影《熔炉》在韩国上映 37 天后，国会以 207 票赞成、1 票弃权通过《性侵害防止修正案》，又名《熔炉法》。这种电影已经脱离了电影艺术本身的价值，它象征着一群人渴望改变、寻求正义的态度。应该说这个导演是很勇敢的，把如此沉重的话题拍出了一种无语凝噎的悲愤。

但除此之外，它揭示的是这个社会道貌岸然的本质，并且以一种低气压但却充满力量的方式告诉世人：“我们一路奋战，不是为了改变世界，而是为了不让世界改变我们。”就好比如果你身上有伤口，捂住它只会让伤口溃烂，越来越严重。同样的道理也用在千疮百孔的畸形社会中。如果想治愈，只有自揭遮羞布露出伤疤，才能慢慢愈合。人们不奢望社会制度的完美，也不可能奢求因为一部电影就彻底消灭国家的种种非人道的现象。但是在弱者的世界里，一颗渴望正义与公平的心就已经足够强大，足够美好了。

韩国在废除了电影审查制度之后，电影业的发展算得上是有目共睹。但我们却依旧讽刺着韩国的影视作品恶俗与充斥套路，从未反思自己做出的东西又是否真的足够好。中国电影因为种种原因不愿再去触碰敏感话题。或许是因为在城市快餐文明的院线系统里，从来没有为这些不为票房而拍的电影留一个位置。

当《美国队长 3》和《百鸟朝凤》撞了档期，其实完全可以预料这场票房战争的结局。人们充其量是感慨一下国产文艺片的困境，《美国队长 3》依旧可以激起所有漫威迷的热情，我们都不例外。但出乎所有人意料的是，就在《百鸟朝凤》即将下档的当口，作为出品人之一的方励在直播镜头前向网友下跪，企图通过这样一种悲情而惹人怜悯的方式来换取更大的排片量。但这根本改变不了什么，在如此残酷的票房竞争里，下跪只能带来更大的尴尬。

综艺电影可以被搬上银幕，《小时代》可以用物欲横流的金钱社会来涵盖年轻人的青春与爱情，电影院早就成了大型 shopping mall 里面一个植入式的娱乐场所。可能问题已经不仅仅是“为国产片寻求一个出路”“加快走出去步伐”那么简单了，它可能已经变成了一种精神。

这个世界上，终归有些人不愿被洪流所吞噬，哪怕真的会走向万劫不复，也依旧要去抗争一点点，只为了不被这个世界所改变。这个社会应该感谢那些不惜一切撞石头的“鸡蛋”们。

从宝玉的“老学究”先生窥看中国古人得的两种怪病

姜惠雯

读到高鹗的章回，笔法的劲道力度还是下来了，但是节奏不减，叙写的第二回黛玉就“痴魂惊噩梦”，直接道出黛玉的“婚嫁心思”、“木石再续之渴盼”。叙写的第三回就众丁男丁女进宫闹磕头——贾府宫中地位的败落之端倪。叙写的第四回宝玉就“始提亲”了……

这一章回我的兴趣在“老学究讲义警顽心”这“老学究”三字上，所以特摘录书中原句如下——先是宝玉困觉，上学晚了“代儒已经变着脸”。然后是宝玉讲书，暗讽又不敢讽之时——“代儒觉得了，笑了一笑道：‘你只管说，讲书是没有什么避忌的。《礼记》上说，临文不讳，只管说……’”。宝玉理解错了“闻”、“达”的意思后——代儒说“‘闻’是实在自己能够明理见道……‘不足畏’是使人料得定，方与‘焉知’的‘知’字对针……要从这里看出，方能入细……”然后代儒借“吾未见好德如好色者也”旁击侧敲宝玉的“顽心”——“你既懂得圣人的话，为什么正犯着这两件病……做一个人……你这会儿正是‘后生可畏’的时候，‘有闻’‘不足畏’全在你自己做去了……自古道：‘成人不自在，自在不成人。’”代儒还说道——“譬如考场中出了这个题目……”这个“代儒”还是“笔下留情”留来的，要是上等讥讽之人写这个贾家的“代儒”，估计得这么描写——“目中无人却腹空如缶，貌似‘幺幺如’却村口土豆锱铢必较。言之必圣贤，却举止如污泥……自言精于八股，却只落得个村口教书，待宝玉暗讽，只见那‘村口先生’发冲冠却强颜欢笑……”

这就引出了我今天要谈的——古人得的两种怪病。一个是“八股病”，一个是“泉石膏肓，烟霞痼疾”。前者主静——如潭死水；后者主动——精力旺盛。代儒是这前者里病得不算重的，要论重者，那可是七十白发，猫腰在科举的小茅草屋里，对主考堆褶赔笑，白须尽染黑墨。所作之文，平生所尽——乃一所谓“代圣贤立言”的八股文：拿经书凑搭浑扯也。所作何题耶？乃主考受新政影响的“项羽拿破仑论”也。此七十白发考生所读尽是八股之文，所言尽是四书五经仁义礼智，何知有“拿破仑”？于是改了“仑”为“轮”，自以为不错，写了如下之文——“夫项羽，拔山盖世之雄，岂有破轮而不能拿哉？使破轮自修其政，又焉能为项羽所拿者？拿全轮而不胜，而况于拿破轮也哉……”

千万代科举之人“八股病”之源，得怪朱元璋。朱元璋乃一莽夫加身龙袍，至晚年愈猜忌。建宁教授徐一夔曾贺表：“光天之下，天生圣人，为世作则。”本是极度褒奖赞赏之语，却被朱元璋认为“‘光天之下’是暗讽自己当过秃僧，作则就是讽刺自己为贼不正统”。此等猜忌不胜枚举。且朱元璋最怕文人讲话，尤其是怕年少的读书人参评政事，于是干脆定下“八股制度”，一次考试一个样，不必猜忌也省去担忧了，不会动不动一次大考结束后，暗讽大明政治及在位者“秃僧”的百千余人……“八股”一来，相当于给考生们戴上了套子，再不会出苏子欧阳修等大儒的科举巨作了，也不会有苏辙这等的暗讽时政鞭辟入里的好科举文章了。考生为当官从仕，直接学八股文章这等“表层之物”，不管四书五经圣贤之道所言到底为何，直接“子曾云……”。悲哉悲哉，呜呼哀哉。这简直一扫唐宋考生的欣欣以向荣去考试的姿态，科举考场一片颓废与谨慎，考生憋屈在狭小的屋里，这还不算——学生的思想被“八股”牵制，有买通“狱长”（即主考，在一排排密不透风的小房子面前转来转去……各位看官想想也明白了）行私令的，也有考了几十载依旧在考的……这不是举贤的考试，这是得“八股病”的学子集中在一起的一次集体“犯病”，“狱长”起了促疾为病，促病为盲，使颓废更颓，使腐败更腐的作用。

再来说说后者——“泉石膏肓，烟霞痼疾”。泉石膏肓，就是非泉石不能解的病，烟霞痼疾就是非诡怪奇伟之观不能愈的病，二者相和，就是“无山水必膏肓”等一批学士。他们大多发源于曹魏，兴于西晋东晋之交，被玄学所烘托，形成“名士风流”后，以后便是历代有之。像阮籍阮咸叔侄二人，《世说新语》任诞简傲篇若干人，明朝末年自诩为“泉石膏肓，得川原之隽味”的田艺蘅等……他们卧于溯流枕石之侧，游走于大地之间，以青石白泉煮茶茗，以“泉石膏肓，烟霞痼疾”为所求，自言承“司马子长”（司马迁少时游历颇广）之遗风，每每“幺幺如”于山野村舍，静卧听村妇煮豆粥之声——正所谓“卧听鸡鸣粥熟时，蓬头曳履君家去”。

这种“病”病得潇洒，完全不同于第一类“八股病”。而且说是病——“泉石膏肓，烟霞痼疾”，却是这些骚客隐士之人“得意忘言得兔忘蹄”的话。

古人得病，一者为“八股病”，一者为“泉石膏肓”，截然不同，一个陷入了无限的苦难与颓废中，一个叩开玄之又玄的自然法门……

放慢你的脚步，留住一隅安静
——记西安之行

柯瑜萱

题记：

很喜欢菲茨杰拉德的一段话："世间芸芸众生，要么忙忙碌碌，要么劳累不堪。"的确，我们生活的，是一个最好的时代，也是一个最坏的时代，我们生活的是一个匆匆的时代。而夜游明城墙之历，让我体悟到人生，须不疾不徐，须放慢我们的脚步，保存那仅存的一抹古老深远、留住一隅安静惬意。

来到西安，迎接我们的第一站便是古老却绚烂的明代城墙。西安作为13个朝代的古都，端庄典雅、雍容华贵的体态伴着夕阳时刻，城墙上的一砖一瓦尽情地展现在我们眼前。

西安这座城跨越数朝数代，它之所以能够至今风韵犹存，重要原因之一在于西安人对古城、对历史的敬仰和热爱。整座城市如众星捧月之势，以古代保留的长安城为中心，向四周发展，完完整整地保留了全部长安城的风貌。而城内的所有建筑，更是一律低矮的青砖灰瓦，整齐划一地向中心都城的主体建筑俯首称臣。

因此西安的人们是可爱的，他们懂得放慢自己发展的脚步，放下城中心的黄金地段，拒绝建造令人眼花缭乱的、直拔云天的高楼大厦，一切只为保留昔日辉煌的风韵，再现长安的雄盛与繁华。

经过查阅资料，我了解到，明城墙的保留让西安的发展有了很多遗憾和阻碍，当然也不免有人不断地呐喊出反对保留城墙的意见，更有甚者笑西安城市规划者是“愚者”。

这使我联想到在《古文观止》中的《愚溪诗序》所述：“颜子‘终日不违如愚’，睿而为愚者也。”此处的愚者，可能是睿者的缄默。而执着地，几乎愚笨地、忘乎城市发展地保留下完整的明城墙的人，也正是为绽放历史本真光华而奋斗的睿者吧。他们呐喊，他们坚毅，为的是让后世子孙驻足、凝望、赞叹中华民族曾经的辉煌与璀璨，为的是将大明的盛况和古城沧桑的风韵影映在人们的眸中，为的是在这纷繁忙碌的世界中，保留一抹古老深远、留住一隅安静惬意。当西安的人们拖着疲于奔波的身躯回家时，抬头看到这方历经风雨浊蚀仍泰然自若的城墙淡然卧在脚下的土地上，内心便也沉静下来，正所谓“心安即是归处”。

“愚”字以“心”字为底，不正寓意着“愚”仿佛水滴一般鉴照万物的内心，透过单纯、不顾名利的“愚”看透历史本真的光华，承载更宏大的胸怀吗？那些毅然保留下城墙的勇士们，他们或许是愚者，但他们的“愚”源于他们滤去了象征“声名利益、经济发展”的冗余的光芒，怀着一颗“愚心”鉴照世界，为世间万物赋予柔情似水的浪漫。

想到这里，我却不禁联想起北京一些早已荒芜冷清的胡同，坍圮残缺的城墙，冷清破败的四合院……这些老态龙钟的老人，用自身的残缺在苟延残喘般呐喊着，想要唤醒在北京疲于奔波的人们：放慢自己的脚步吧！当我们因污染连看清首都的蓝天，看清这座几代人呕心沥血一手打造出的城市都成为奢求，都值得纪念时，我们究竟是走得多快？我们究竟是为了多少所谓“必需”的发展，忽视了、忘却了多少昔日习以为常的美好？

可这些呐喊似乎被像疾风一般飞过的我们所忽略了，抛却在脑后了。或许我们早已因忙着驾车到学校、到单位、到无数个奔波的目的地而忽视了窗外道边静静绽放出生命自信的一花一木；早已因着眼于算计自己未来的无休无止的学习、工作、奋斗计划而永久关上了自己小小心城的城门；早已因痴迷于掌心上那小小屏幕所能带给我们的“万千世界”而变得沉默寡言。纵使与身边亲近的人，或许拥抱也终究变得无法逗留、不再依赖，像是陪伴在陌生人左右，我们之间，竖起了漠然的厚障壁。我们或许无暇听到，也没有能力去听到那些呐喊，在不知不觉中，在纵使自己不愿意承认之中，我们，已然变成了“利益人”。

我们在时代永不停息的洪流中翻涌，好像时间永远不会停止流逝般无尽地与巨浪搏斗着。有的人，在生命的竞赛中被一个巨浪拍倒卷入了浩瀚的大海，卷入了无法预料的远方——消沉、弥散。更多的，为了不被生活的巨浪打倒，选择了勇敢地屹立在风口浪尖与气势滔天的自然搏斗。然而因惧怕被巨浪那呼啸磅礴之气拍倒于浩瀚大海中，他们选择马不停蹄地奔跑着、和生命巨轮比肩旋转着，稍有放松，便随时会被下一番社会激烈竞争的洪流所吞没。他们，是担惊受怕的人们，是属于这个时代的人们。即使在生活中稍有纵情消遣，也是戴着镣铐跳舞的人。

而于我，在西安，登过古城后，每当我忆起夜幕笼罩下静默的古城匍匐在大地上时，我的心灵便不再如从前那样紧张慌乱，似乎能归于沉静般聆听到很多生命的呐喊，聆听到因时刻和象征着“生存、竞争”的巨浪拼搏的心灵与身躯疲惫地喘息，聆听到自己本心的声音。我明白，即使是海浪也可以是柔情的，即使是失败，也可以是“柳暗花明又一村”的。唯有不疾不徐地行走完这一生，像《凌虚台记》所述一样，抛却相寻于无穷的废兴成毁，才能像古城一般跨越了生命的长度，无限延展生命的宽度，绵亘万代仍平静安详地卧在这里。唯有不疾不徐地行走完这一生，才能如古城紧贴大地一般，使自己的目光不再蹈空凌云，言语不再高谈阔论，而是真正接近生命的原点，接近苍原苍生，汲取生命本有的惬意和乐趣。唯有不疾不徐地行走完这一生，才能像作家舒婷所说：不再向往远天的杳鹤，而是留恋涵泳于身边春江月明的温馨瞬间。

这是一个最好的时代，也是最坏的时代。这是一个失去缄默的时代，这是一个失去惬意的时代，有人纵情在灯红酒绿昼夜飞转的城市中，有人疲倦于日夜奔波追求生计的道途上，这是一个万物匆匆的时代。古城的存在，仿佛是在告诫人们：请不疾不徐地去生活，而不仅仅是活着。

请在夕阳沉入远方的天际时，远眺整座城市、世间万物归于平静的心安；请在南城吊桥悄悄升起时，静悟古人日复一日桥升人归的温馨；

请在夜幕星空为城墙披上薄衣时，闭上眼感受徐徐晚风拂过脸颊的柔情；请在瓮城被金色灯带层层点亮时，侧首凝望晨钟暮鼓之间的惬意；请在淡淡的薄纸灯笼燃起昏暗柔光时，在城墙上等待“蓦然回首，那人却在灯火阑珊处”的浪漫。

请在繁华落尽的清秋带一盏佳茗，与城墙上的清风明月对饮；请在雨后初晴的青砖黛瓦下驻足，与散着雅致气息的钟鼓楼邂逅。

请登上古城，逃离都市那令我们习以为常的匆匆而过的快节奏，静静闭上眼，张开双臂，拥抱古城不加粉饰的静美。

我们应怎样看待《孟子》

刘宇轩

当我们谈论儒家经典的时候，往往是在价值判断中进行分析：这些思想是否适用于我们的时代，是否能够有利于时代精神的重建。传统文化将会在今后的一段时间内得到发扬，这是一个必然趋势，文化的特殊性决定了文化的特质，儒家思想又在历史进程中起到了主要推动作用，由此而言，传统文化是需要得到发扬的。

任何思想都有着自身固有的缺陷和问题，所以思想本身也是不断进化的过程。儒家思想同样是如此，在吸收了其他各家思想的精华后不断适应着时代的变革，从而能使社会意识符合社会存在。辩证否定地继承以往的思想，理性地分析过去，属于优点的部分应该发扬，那些封建的思想也要得到彻底的反省和批判。

《孟子》一书中，更多是以文学的态度阐述一个不那么现实的政治理想。很多人都觉得奇怪，当年的君主听从孟子建议的话是否统一天下的就不会是秦国呢？事实上，秦国的成功应该是必然的。儒家思想本质上是治世的思想，并不是富国强兵的思想。君王要行仁政，只有泛泛而谈地规划地界，用他自己所认为对的人伦道德来约束别人，就一定能够广布于众、使人信服吗？单从治丧一事说起，君王的吊唁就真的需要大操大办用形式上的隆重来影响人民吗？我相信如果真的能够使人们信服的话，不需要多么振奋人心的动作，思想上的共识更能够达到理想的效果。殊不知三年治丧，礼节性的支出足以将一个小国脆弱的经济拖垮，更不用提如何强大了。如果孟子的思想真的是切实可行，且执行力非常强的话，我相信不会有那么多拒绝他的君主。在那样一个群雄逐鹿的年代，敢问有哪一位君主不想让自己的国家富强？孟子的言论很多都是在利用别人来阐述自己的观点，自圆其说的成分非常普遍。过分地利用了自己的辩论技巧往往给人一种缺乏实际的感觉。给君王提的建议中，他又强调的是大体的宏观思想，缺少了实际可行的细致做法。这就是儒家和法家的差距。只有理论的建立却脱离了社会的实际，这种思想注定在早期得不到重视。封建社会生产力低下，更需要通过强大的统治进行系统的管理，儒家的开始只能称得上是道德层面修身养性的要求，在思想上对人民提出了较好的建议与有限的规范。可以说短期内孟子的思想不会得到好的结果，但在治世时期有它存在的价值，所以会在后期的治国理政上我们看到了儒家活跃的身影。

有人说，我们施行儒家思想，曾经达到过宋代经济繁荣的高度，那是不是意味着如今的时代重新倡导儒家思想也能够再次崛起于世界呢？事实上这是两个概念。宋代的儒家思想早就不是单纯的儒家。社会有一定的法律约束，经济繁荣也只是在其他国家尚未开始发展时的时代机遇。后期的闭关锁国与传统封建的内向思维，恰恰是那种过度自信导致的恶果。过分相信古代尧舜禹的历史观念必然会限制大胆变革的创新性思维。否认新事物的出现，一味地强调经验主义，那么桎梏的思想怎么会容下发展的不平呢？

如今我们又处在一个新的发展时期。从学习时期就强调传统文化是为了让我们在纷繁复杂的价值选择中有较为理性的判断，不必在小的时候走了思想的弯路。去接受传统文化的熏陶不是让我们全盘接受，而是拥有文化的修养和基本的文化认同感，在今后接受外来文化时理性地进行客观的分析，不至于忘了自己的民族的本分。同时，辨证地继承传统文化，把政治思想观念和文化思想观念分开谈论。该批判的部分就应该让声音传出来，把思想中不合理的部分自由地表达，该肯定就肯定，该批判的就要毫不犹豫。从考试的角度来说，就应该从公平的角度看待学生的观点，有理有据的辩驳应该被同等地给予正确的评价，老师个人的主观意愿不能够在分数上给予自己的评判标准，刻意地为难学生的观点，限制了自由思想的发声。这样才能使思想得到公正而具有现实意义的推广，也有利于旧文化在新时期下的应用。

我们在认识自己文化的时候，既不能过分有大汉族主义的民族主义情结，也不能在外来文化的冲击下丧失了自己应有的民族文化观念。既不能像古代迂腐的读书人那样“两耳不闻窗外事”，也不能认为经典跟不上时代就排斥。开放的心态才能够多元吸收各家之长，拓展文化的视野。无论是怎样的学术内容都不要过分地解读，思想如此，文化如此，精神亦是如此。

生命的同等尊贵

梅雪蕊

生命是如何诞生的？为何地球上孕育出了生命？最初的生殖隔离造就物种的现象是怎样出现的？物种究竟是如何进化、如何呈现如今百万级别的多样性的？人类又是何以发展到如今这样的“高等”的？

目前我们所有关于生命诞生、生物进化的理论都是假说，即便能够解释现存现象却也未能得到证明，但科学手段明确检测出的现象还是可以相信的。而这些不断更新，也不断令我们大吃一惊的物种解读，一遍遍地提醒着我们一个大多数人都不愿意承认、不愿意相信的既定事实：任何生命都同样尊贵，人类也并没有“高等”到哪里去。

小学时候总有人喜欢玩文字游戏，刚刚在科学课上得到了一个难以置信的信息——人是动物——就迫不及待地到处炫耀，但却隐约觉得动物是低等的、贬义的，自己同它们怎么可能一样，所以总要特意强调，人是动物，但是是高等动物。

事实上，从某种意义上来说，人类的确是高等动物，不过不止人类，所有脊椎动物都可以算是高等动物——依照最基本的“复杂—高等”的判定方法，猫、狗、鸟、鱼，相对于无脊椎动物来说都是高等的。

越来越多的科学依据也表明，我们同那些我们所认为的“低等动物”之间的差别也并没有我们想象的那么大：人类与黑猩猩的基因相似度近99%，人类与黑猩猩在基因水平上高度同源。

原谅我作为一个文科生可能无法以一种纯粹生物学的角度去理解这个问题，在我看来，一切我们规定的所谓不同物种之间低等或高等都并不合理，它们的生命同样尊贵。低等或高等的不同表现只是生物在进化过程中的顺序而已，每一种生物的存在都有其必要的意义和价值，在远比人类历史更加遥远的生命进化史中，成千上万的物种都应该有着平等的地位，从来都不应该存在“越进化越高级”、“出现在进化史较晚期的人类相应地最为高级”的说法。就如同你无法规定成年人的你就要比少年、婴儿时的你更高级一样，成长可能意味着更加复杂与随环境变化而主动做出的改变，但并不等于变得更加高等。一个物种的进化，从三叶虫到人类，就如同一个人从婴儿时期到成年人的成长，只不过是通过亿万个生命的更迭、遗传、变异而完成的，时间跨度上亿年的成长历程，是一脉相承、不曾断代的。

如果缺少了任何一个“低等动物”存在，进化链就有可能发生改变或断裂，人类的出现是否还是一个必然事件就有待讨论了。

近年来越来越多的学者提出取消动物高等与低等的区分，因为高低等的规定本来就是有缺陷的。如果说高低等是由生物所处食物链的位置而决定的，那么生活在同一时期的恐龙理应比早期小型哺乳动物高等许多，但哺乳动物显然比恐龙的出现晚很多，理应更高等；如果按照在进化历程中的出现顺序来看，猛犸象作为哺乳动物怎么说都比作为冷血、爬行、卵生动物的鳄鱼出现晚得多也高级得多，但前者早已灭绝，后者直到现在仍然自由地存活于许多栖息地，可见其对于环境的适应性远强于猛犸象。那么人类即便属于动物也是“万物之灵长”、凌驾于众生之上的最高等的动物的观念，又是基于何种错误的定义而得出的呢?

如果把这个问题与历经上百年抗争与冲突的种族歧视问题相类比，没有任何根据和理由地认为白种人最为高贵而黑种人则生而为奴的观点终于被击垮，在法律上人们再也不会因肤色不同这种荒唐的判断标准而被区别对待，我们也终于向平等迈进了一大步。那么，在生命的平等这个更宏观的历程上，我们距离终点还很遥远——与种族歧视一样肤浅而自大、缺乏科学依据的人类中心主义，认为为了满足自己的任何需要理应肆意毁坏或灭绝任何自然存在物的观点，正招摇过市，受无数人的追捧，又被作为破坏环境、践踏自然的工具而欣然自得着。如果在人类内部不存在种族上的高等和低等，那么在生命内部也理应不存在物种上的高等与低等。尽管肤色不同，但同样为人就同样尊贵；那么尽管物种不同，但同样作为生命也理应同样尊贵。

按照梁启超的史学思想，历史进化未必是向着更加高级的方向，就如同现代的人们未必比孔孟、老庄、董仲舒、陶渊明、李杜、程朱、陆王更加高等；现代的人类也未必可以说比他们的祖先——类人猿、中华曙猿，乃至渡渡鸟、恐龙更加高等；也未必可以说比现存的任何一种生物老虎、牛、羊、小白鼠更加高等。

就像老子《道德经》中的“天地不仁，以万物为刍狗”。万物皆为刍狗，万物皆无高低贵贱之分，即使是自诩“万物灵长”的所谓高等的人类，实际上也并未高万物一等。

我们应该明确这样的观念：生物并非进化，而是演化；演化不是爬梯子，而是一棵树上的不同分支；演化并不会越来越高级，而是没有方向的过程；越晚出现的生物并不一定越高级，所有生命——不论是否仍旧存在，只要是在演化历程中曾经出现过物种——都是平等而同样尊贵的。

人类不会是生命演化的终点，它同其他所有曾出现过又或许已灭绝的物种一样，都只是演化历程中的一环，不一定哪一天也会被无情地淘汰掉，没什么特别的。唯一不同的可能是，它也许不会像其他物种一样渐进地适应缓慢变化的环境，而是会用“高等”的工业手段主动加速环境的改变、增加其所为自身生存带来的挑战，进而亲手葬送自己的种群、截断自身进一步演化的路径。

那么盲目自信、肆意凌驾于自然之上、并非为了生存所需而屠杀其他物种的人类，你没有高贵的血统和基因序列，也不具备高其他生物一等的进化性，这样的你，哪里来的认知以为自己可以肆无忌惮伤害所有一样尊贵的生命？

至于那些星星之火一般出于人道主义的对物种多样性保护与救赎的行为，他们不是在施舍，他们是在为人类还债。

天道轮回，因果报应，遵循的永远都是自然的法则，不是人类的。

读书是随心而动的旅程

文浩宁

有些事你不经历就不会明白，有些书你不读就不会懂，不过更多的时候书读了也不一定会懂，事做了也不一定就明白。

读书是需要契机的。不同的年龄段要读不同的书，不同的时间点也许你就会打开一个新的大门。我小学的时候读《老人与海》和高中的时候再读是截然不同的两种感受；初中的时候读《红楼梦》觉得那是一本精彩的故事书，排完一部《红袖楼头夜倚栏》我觉得那是一个凄美神秘的幻境，那是血和泪织成的黄粱梦。如果说小的时候读完《红楼梦》，我会拍一拍封面说这故事很有趣，大观园写得很美，但现在我会为千红一哭，为“娴静时如娇花照水，行动处似弱柳扶风，心较比干多一窍，病如西子胜三分”的纤巧灵妙而折服，为“你就是那倾国倾城的貌，我就是那多愁多病的身”的真挚告白而感动。《呼啸山庄》中希斯克利夫和凯瑟琳同样是少年少女友谊引发的爱情，而他们的告白是如此炙热和明媚：“不论我们的灵魂是什么做成的，他的和我的是完全一样的。”无论是谁看到这样一句话，尤其是十六七岁的少年少女，谁不会为这样大胆而露骨的情话感到心脏通通直跳。

我不得不承认，在第一次看《红楼梦》的时候，我甚至都没有认识到那是一个告白，中国人的感情是含蓄的、内敛的，他会用诗一样的语言去描绘人类的情与爱。他甚至会引经据典，将情感层层叠加，“倾国倾城貌”“多愁多病身”本出自《西厢记》，崔莺莺和张生的美好爱情让宝黛的感情更加温婉缠绵，但也为阅读增加了难度。

如果让我再小几岁，我想我读不懂红楼梦，读不懂“心比天高身为下贱”的悲哀，读不懂“空云似桂如兰”的嘲弄，读不懂“千里东风一梦遥”的凄凉，读不懂“湘江水逝楚云飞”的苍茫，更读不懂“好一似食尽鸟投林，落得片白茫茫大地真干净”的万事皆空和“横眉冷对天下事”的寂寥与倔强。中午在饭馆吃饭，遇到一对母女，因为高中出现了高考必读书目，小学老师就让孩子把这些书都看了，怕高中太忙没有时间，我却只有冷笑。读书就像吃饭，你不能因为昨天吃过饭，今天就不再吃饭。读书不功利，不苟且，你该读什么的时候，自然而然地会想读。小学的时候，你怎么可能明白宇宙万物苍生该如何相处，怎么可能明白人情冷暖，知道世事险恶？

而对于我们的同龄人，尤其是现在对经典对文化不感兴趣的同学来说，经典不是要求出来的。如果说科学是一个人的知识，那么像是《论语》《孟子》则是中国人的素养，它培养的是一种读书人的气质，一种温良恭俭让的品德。人不轻狂枉少年，孔子“十五而治于学”，也许再经过一些春花秋月的洗礼，终究会意识到科学和人文到底是人类的文化，哪里分得这么清清楚楚，人不是工具，先为人，才可为事。“质胜文则野，文胜质则史，文质彬彬，然后君子”这种平衡，有些人从书本里懂得，有些人从社会中学习，等经历了一些人生体悟再翻开这些“圣贤书”，自然会有不一样的感受。

此外当我们在浮躁的时代最前沿撞得头破血流的时候，我们也就能明白“信而好古”的道理，人类因为拥有过去而拥有将来，虽然天下不是分久必合、合久必分，虽然不是今不如古，虽然过去也不是黄金时代，但是我相信历史，相信时光的智慧。

也许在前些日子我还在苦恼自己高中之前读了太多闲书，浪费了大好时光，可我现在却坦然接受，我在那些所谓闲书的浸润下，提升了自己的想象力和理解力，而这些经典也在漫长的等待中迎来了一个日渐成熟的我。

《孟子》的意义所在

邱　祺

孟子生在了一个错误的时代，却也是一个正确的时代。

游说于各诸侯之间，他几乎是处处碰壁。违逆他的，国家残喘也罢，称霸也罢，仍然稳坐泰山；听从他的，国家也小，实力也无见长，“天下归心”的道路似乎还要更长。然且问“子食乎？食功乎？”难道我们要凭借功绩效果判断价值吗？还是按照其志向本心？断乎是后者。一个事物的功绩效果自然与事物本身脱离不了关系，然而对于时代的纷纭复杂又岂是一个结果便能“一言以蔽之”而定夺的呢？若论功绩，则古往今来凡失意者一概可弃之不顾矣，那么又会失去多少仁人志士的荡气回肠呢？由此看，孟子在那个时代的成败与否必不能用作当今我们评价他的标准。况且，孟子失败了吗？

四境之内，他已将自己的观点传达到了四极。滕文公这位新就任的君主，听其一席话而于心中不忘；弟子几千，所到之处有君王的邀请与挽留，愿供养其衣食住行。就功名利禄来说，孟子已不失为成功之人。但是这不是孟子所求之成功。他心心念念的是“正人心，息邪说”，兴圣人之说。百年后的一天“罢黜百家，独尊儒术”，他所希望的、推己而及人的稳定的社会秩序建立了起来；家、国、天下，成为系在一条长链上的绳结，和谐而坚不可摧。若非此时代，很难说孟子是否仍然善养着浩然之气；应该说，正是那个风雨飘摇的时代，造就了这样的孟子。而他也没有像庄子一样“疯疯癫癫”地、爱恨交织地嘲笑世人。读着《孟子》，听他愤慨激昂的语调，我甚至能够想象得到他皱紧了眉头，在波涛汹涌的逆流中试图“挽狂澜于既倒”，奋臂高呼，用双手抹去脸上的污水，又潜入到波涛当中，试图阻挡，不顾安危。

孟子与那个时代，就是鱼与水的交会。他是鱼，生于水，必要以自己的身躯回报一片清澈的深潭。诚然，层层的等级观念，男尊女卑的封建思想……这是孟子对那个时代特点做出的答案，是他之所以存在、有所寄托的社会的需求——正如水的气息已经深入了鱼的灵魂——是那个时代在孟子的言行中留下的烙印。不得不说，这是他的时代局限性，但也是他最为真实的反映。架起一座空中楼阁、幻想一片远超乎时代的无瑕的理想社会，以至于后世之人看到会满意、会认同、会称赞吗？不，那不会是孟子。是他，他便会诚心诚意地规划一个基于时代的蓝图，使人人能够有所触碰、有所仰望、有所期盼。他是思想家，而非一个预言家。当我们抛弃了对功绩效果的功利追逐，难道还要根据一种思想的时代局限性而否定它吗？雕刻一块玉石，难道还要因为它身上的一条裂纹而把它丢弃吗？

很多人会说，这怎么是一点瑕疵呢？这种封建思想的火苗最终烧尽了中国开放包容的精神，像茧一样将国人束缚麻痹。钱穆先生曾在《国史大纲》书前写道：“当信任何一国之国民，尤其是自称知识在水平线以上之国民，对其本国已往历史，应该略有所知……所谓对其本国已往历史略有所知者，尤必附随一种对其本国已往历史之温情与敬意……”这种对古人的温情与敬意是我们对待历史与生命心魂的尊重与感恩，也告诫我们要理性思考。今人之过，何必咎责古人？思想本身并无对错，将它理解消化并实践出来的人们才是决定社会发展方向的主体。若真的要以对时代的影响来分辨对错，那么不妨坚持到底——孟子的主张于战国并未被全然成功地施行，法家协助秦统一便是很好的例子，然而之后如何呢？两代未尽便被推翻，孟子之言不出意外地言中了事实。综观中国与世界的历史，中国在以一种不同于世界上其他任何一个国家的发展历程前进着，踉踉跄跄地，却走得坚定、清醒、心无挂碍。四大文明古国中其余三个国家的衰亡时刻敲响着警钟，资本主义世界在发展初期原始积累还在逐渐逝去的影子里滴着鲜血，而中国凭借对苦难的反思以及勤劳团结的民族精神重新焕发出光彩。当今社会多极化的趋势下，中国以一个崛起的姿态拒绝成为强势的大国，而是为温和包容的形象努力着。虽然必须承认中国的方方面面还有很长的路要前进，还有许许多多的缺陷需要弥补，可是坚持自己的文化与精神，走自己的道路，这其中若没有儒家正统文化——包括孟子——带给我们的宽以待人、兼容并蓄的思想是远远做不到的。

不过，儒家究竟指的是哪一种思想呢？是那些以“仁义”为核心思想的观念吗？然而以一个简简单单的词语来概括这种主流思想未免太过简略了。在《孟子》的字里行间，我看到了很多不常被提起的观点。儒家和法家一直被人们看作互相对立的观点，然而其实孟子也曾这样描述：“徒善不足以为政，徒法不能以自行。”即善心与法度是要同步进行的。纵然，道德准则应为至上的第一要义，然而，维护社会秩序的制度体系也是必不可少的。正因为战国群雄纷争，道德的界限渐渐模糊，所以孟子选择了强调仁德，但并不能说他忽视了法家强调的法度。另一则说道：“人有不为也，而后可以有为。”无为在先，有为在后。单独一句来看，似乎又有些类似道家无为而治的思想了。这样一种立体的思想，需要我们去触摸它的方方面面；简单地将百家分开，从知识的区别上来看确实降低了理解的难度，也抓住了核心，然而其缺陷也是显然的。一个个概括全部的学派名称使我们固执地拘泥于思想的某一侧面，生硬地划开了学说间的界限，最后导致的是理解的片面性，这或许也能解释人们一味地指责儒家的封建思想，因为他们只看到了一汩泉水，却从眼底抹去了泉水流向的四面八方。孟子的思想，就是旨在启发人们追求道德与天地境界的驱动器，莫要简单地为儒家贴上标签，鲁莽地认定儒家是非。

论“晾衣绳”

姜惠雯

巷子头桥门不隐蔽去处，皆有晾衣绳。晾衣绳文化中国社会独有，以一个不长不短的细绳撑起一家老小的布被袜裤。再夸张一点，晾衣绳的普遍存在，使过路之人大可嗅到衣物洗衣粉的碱味。

中国社会在公地里普遍挂出的晾衣绳是一个表现，实质上它说明了从中国乡土社会根生出来的人们的两个特性：老百姓淡薄的隐私意识和公地意识。

在此特别说明，是公地里普遍出现的晾衣绳——而非富户或农户独立小院里的晾衣绳说明了这两个特性。此一段落专防断章取义之人又在武断着什么。

首先公地便是公地，公共之地。在社会主义法律上不专属某一人使用或所有。这样的地区出现的晾衣绳，多半是围公地而起居的百姓晾晒衣物所用。每逢五逢十，勤快的老一辈和中年一辈便大盆小盆抬出衣物裤被。大有为了几寸绳长而大打出手辱骂吼街的，吵嚷双方都各自执理，但全没有想到两人都没理。在公地上大肆晾一己之物本是破坏了公地的含义，又为此扰民，更是该罚。但事实是，双方的确没有意识到这是公地，都以为这是家门前的一小块多余的自留地，或是先到先得的可被一己利用的“无主荒地”。他们不知道什么是公地，也不愿承认这就是公地。但这里是全小区的人共享的公地，严格地讲，所有在这上面晾晒衣物挤占掉部分地域使得这块地失去了非竞争性和非排他性的行为，都是没有公共意识的行为。

以先到先得的意识，或占有的意识去抢占一块公地的行为——比如晾晒，都是小农经济思想的遗留残余，都是中国乡土社会走向现代社会契约社会亟需解决的意识冲突。

更需要被说明的是，在这块公地上晾晒的衣物大多暴露了一些隐私。无论是讲究的针花被，还是比较素净的淡褐色被单，都提示着什么。这些提示都是强加给过路人的——过路人本来都不是好窥的鄙人。这种强加，本身就是晾晒人对无辜的过路人的一种“冒犯”。过路人需要紧闭双目，面容尴尬地走过晾衣绳。对于在公地上晾晒衣物的户主，他们明明知道这里是经常过人的，但依旧毫无愧色颇为理直气壮地晾晒出一家户的衣被。这种极淡薄的隐私意识，这种理直气壮毫无顾虑的态度，也是应该反省的。

乡土社会在发展的过程中，的确不太强调“隐私”和“公地”。在乡土社会中，一家的便是一村的：一家有喜事，全村讨喜帮忙；一家芒种割麦，全村互助轮流。在这个熟人社会中，的确不需要什么隐私，礼俗和规矩完全应付稳妥。但从乡土社会中根长出的中国特色的现代契约型社会就需要隐私了。只不过思想弯弯没有转过来罢了。“公地”也是一样的道理。在乡土传统的社会中，地是私有的，包括村长家的地都是私有的，不是私有也是有私人使用权的，没有所谓的公地。那现代性契约社会中突然出现了公地的概念，人们还以传统的思想对待之，将其视为“无主荒地”，然后心安理得地使用占有，也不能说没有传统的影子。

培养起“公共意识”和“隐私意识”是现代理性公民必修的一课，也是文明友好型社会必需的精神品质。

历史的尽头

张雯琪

前些年有一本书挺火的，叫《中国震撼》。这本书受到很多爱国人士的追捧，并且极大程度上再塑了国人的民族自信心。但仍有极多人民群众表示强烈不满，怎么能说中国的民主才是真正的民主呢？美国、西欧就这么一文不值吗？在广大的农村地区还有那么多人一辈子没见过手机没上过高速，孩子有写不完的作业，弱势群体有跑不完的上访，中国怎么就治修兼备、万方乐圣了呢？愤青们很不甘心啊。

中国到底处在一个什么样的位置上，正在朝什么样的方向发展，我也是“身在此山中”。我时而觉得我大中华儿女打败日寇、五十年挣脱第三世界步入小康是如此值得骄傲，时而又对中国的腐败滋生、法律缺失忧心忡忡。我不得不承认它们都是中国，也都令我惊讶。但是要想让这一切足以生发成“震撼”，还缺乏一个既有抽象意义又有具象实体的寄托。

不过，就在前几天，游览了明城墙碑林兵马俑后，站在大明宫的废墟之上，某一个瞬间，我突然觉得，中国的震撼始终就藏在这历史的尽头。

其实我看到的景象很简单，就是废墟——广阔的废墟，一望无际的废墟，随着大地的起伏而均匀呼吸的废墟。秦砖唐瓦的金黄褪去，兵马俑横七竖八残碎一地，只剩下人工还原图上的俑还昂首挺胸地昭告着秦王的淫威。公主皇子的墓早已被洗劫一空，留下的白骨和盗墓贼的躺在一起。帝王的陵墓尚未被开发，皇帝仍安睡在青山绿水之下，满意地看着后世代代的人们将自己功德碑上的文字吟咏歌颂并信以为真。

该辽阔的壮丽雄伟，该寂寥的宁静安详，是多么的令人感动啊，可是站在那里，我就是想到了“中国震撼”，我想到所谓震撼，在抽象意义上承载了华夏文明的兴衰贫贱悬殊的对比，在视觉效果上，就应该是这个样子。想到中国这条巨龙腾云驾雾千年，却在我眼前一闪而过，只留给我一爪，让我瞻仰，让我想象，待到折磨得我思源枯竭精疲力尽之时，只得匍伏在她脚下，被震撼得五体投地。

这样的震撼，是一个炎黄子孙行走于世界昂首阔步的自信的源泉，是为天地立心，为生民立命，继往世之绝学，开万世之太平的责任的伊始。与此同时，它也是一个爱国志士愤然跳江的理由，是民不聊生、百姓潦倒困苦背井离乡的罪恶根源。

我有幸出生于十一届三中全会之后，在太平世界待久了，每天都过得挺小康的，便难以避免地患上了一种选择性视听妄想症，比如选择性关注长城兵马俑的气势磅礴，无视为建造它们，广大劳动人民的血汗牺牲，然后想着我大秦康盛、华夏繁兴。比如选择性关注中国 GDP 总量，对人均 GDP 视若无睹，进而想着是不是 2030 年中国就世界领先称霸全球了。民族自信心膨胀到了极点。

曾经，我以为，为中华之崛起而读书，消灭阶级斗争，一路向着天下大同的道路狂奔而去，引领全国人民开上兰博基尼是一件水到渠成、毋庸置疑的事情。但是突然有一天，我知道了在陕北延安还有个孩子在重复着“放羊娶媳妇生孩子放羊”的人生，酒店的老板还可以对劳动法置若罔闻地要求员工一天工作 12 个小时，还会有农民因一场意外的冰雹颗粒无收却得不到任何补偿，景区还在宰游客……。有人在用生命提供我所遗弃的，有人在用灵魂奢求我所拥有的。不知道唐宪宗坐拥美女三千时有没有看到一个卖炭翁正伐薪烧炭南山中；秦始皇站在烽火台上俯瞰天下时会不会想到他脚下除了砖瓦还有孟姜女的尸骨，陪葬他的岂止是那几万具兵马俑，更是无数浮动挣扎的愤怒灵魂。

我又何曾不想告诉自己这一切和我有什么关系。就好像现在我正闲适地翘着腿坐在电脑前，手里拿着一瓶杏仁露，边喝边打下这行字。抬头窗外是绿树成荫，三三两两的人牵着狗走过。老人们聚在一起聊天，中午再睡个午觉。脑子里只能浮现出四个大字“国泰民安”，然后，又会有那么一个瞬间，我又想到，这个世界上，人类历史上，其实只有那么“一小撮”人能够享受这样的生活，绝大多数人，中国的、菲律宾的、泰国的、刚果的，都在手忙脚乱地挣扎。然后，在那个瞬间过去之后，我又会继续边喝杏仁露边悠闲地打字，心安理得地嵌入这国泰民安的美好画面。

事实上，这个世界本来就有一个血肉模糊的伤口。而大明宫的废墟兵马俑的残片不过是以一种视觉冲击和心灵震荡同步的方式，掐住你的脖子，掰开你闭着的双眼，在你耳边吼叫：“看看！看看！”

如果一个小孩在你眼前的池塘沉溺，而你见死不救，这是一种罪恶，那么如果这个池塘在更远的地方呢？仅仅因为那个池塘和你存在时间或者空间上的距离，你就可以若无其事地谈笑风生？难道一个人的无辜可以仅仅因为他近视——或者——选择性近视？觉得一个愚不可及的人的痛苦，与你相关，这到底是一种自作多情还是一种真诚的责任心？

这些废墟（即使现在人们叫它们旅游景点）才是真正地可以称作震撼。虽然没有星空的浩瀚无垠，没有江海的奔流广阔，它却比所有的奇迹都令人震撼。当心灵撞击来自于景观的巧夺天工，离开那里你就会遗忘；当心灵撞击来自于事件的意料之外，一觉之后你就会遗忘。

这些或许都令人震惊、惊讶、诧异，但都只能体现在事物本身上，你知道当你离开那些地方那些人，这些感情就会烟消云散，而这些废墟，没有这样的局限。它所给人的震撼，不会轻易消散，相反，它黏着你跟踪你占有你。说到底，它震撼是因为它所承载的现实太厚重，而这个现实就是历史的两面性。我们必须承认那个创造无数世界奇迹的是秦朝，而那个民生凋敝的也是秦朝，就像雄才大略的是嬴政，残暴不仁的也是他。没有一种制度是完美的，所以时间上没有一个朝代、空间上没有一个国家，只有光鲜亮丽的一面，因为总有人还在挣扎，所以我不能心安理得地享受。当昔日繁华转瞬即逝，残垣断壁在此屹立千年不倒，为了今天出现在我们面前，以这样震撼的方式敬告我们，警告我们：我们的民族有过辉煌，也有过劫难；我们的人民有些很奢华，也有些在挣扎。

的确，在国内，有很多腐败，有很多贫富差距，小孩子有做不完的作业，弱势群体有跑不完的上访。可是，对于一个有志青年，这是一个探索奋斗的多么充分的理由啊：愤青有那么多东西可以战斗，资青有那么多钞票可以赚，文青有那么多感情可以抒发。历史的两面性激发了人们多么大的想象力，我们还可以全力以赴地向“国泰民安”奔跑，并且从这全力以赴中感受到意义凛冽的吹拂。

好吧，也许这个伤口没有我想象得那么急需治疗。很多人享受朝九晚五的稀薄生活，很多人愿意选择“放羊娶媳妇生孩子放羊”的冷漠态度。那就请允许我想象一下吧，请允许我坐在这个已经曲终人散的历史的尽头，想象一下舞台上的刀光剑影吧。

《论语》三则之我见

闫怡鸣

子曰："富而可求也，虽执鞭之士，吾亦为之。如不可求，从吾所好。"

这句语录很有意思：孔子说，财富如果是可以求得的，即使是执鞭这样的低级职务，他也愿意担任；如果不可以求得，那就按照自己所爱好的行事吧。

看来，对孔子而言，财富好像不可以求得。执鞭的确可以获得钱财，但孔子没有担任这样的职务，从他的语言中，也没有显示出他愿意担任的迹象。可见，孔子认为，执鞭获得的不是财富，或者通过完成上级的管理命令而得到的酬劳，不能叫财富。所以他并不愿意接受。而当财富不可以求得时，按照自己的爱好行事，是他的选择。他周游列国，收徒讲学，拒绝了列国的邀请，也徘徊纠结结果，这是否算是他的爱好？当然，按照原文的语录，他可能就获得不了财富了。但是，不能获得财富是在不可以求得的前提下出现的。所以问题出现：在他的时代，钱可以求得，但那能叫作财富吗？什么在孔子心里才称得上财富呢？孔子选择了爱好，求不得了财富，那么为什么他认为财富和爱好不能得兼呢？在孔子心里，是否钱是生活的必需，而财富是指很多的财产？对于生活，钱是必需的，显然孔子不能分文没有过一生，他是否选择了平衡钱和财富，也平衡了职务和爱好？在我看来，一个人没有钱不行，没有了生活来源，所以没有了职务可不行。但如果只有职务（低级没有吸引力的）恐怕也不行。虽说没有喜爱的不行，但如果真没有了，也能生活。但现实中，是否可以求得财富并不是选择题，问题在于如何平衡财富和生活、职务和爱好；或者说，要在职务和爱好的相互妥协下，寻找你心中的财富。

子曰："苟正其身矣，于从政乎何有？不能正其身，如正人何？"

译文是这样的：孔子说，"如果端正了自身的行为，对于参政治国，有什么好难的？不能端正自身的行为，怎么能去端正别人呢？"这句话，体现了孔子对君子先修身然后治国的追求和目标。君子必须端正自身的行为，才能为国家效力，治理国家才不在话下。因为他可用自身所学、自身修养，身体力行地传达这种思想，感化其他治国之人，乃至人民。而参政治国绝非易事，也只有这样的人，才能真正治理好国家。可见，一个国家的修养取决于治国之人的修养，治国之人的修养好才能奠定国家的内涵。这种需求本就是双向的。如果国家陷在水火之中，那么君子是否愿意用自身所学，拯救国家于危难呢？相信真正端正了行为，内心赤诚的君子定会奋不顾身。这样的君子，治国说难也易，说易还难。他可以用他的处世改变一个国家，一个国家也可以让他的满腔热血化为迷茫。不能端正自己的行为，怎么能去端正别人？这是每个人的问题。似乎"宽于待己，严于律人"是很容易就做到的事，然而不端正自己的行为，又凭什么要去端正别人呢？或者这样端正别人，真的能端正好吗？看来从一个完整的"别人"身上找到漏洞果然比从自己身上发现不足容易，因为站在你面前的别人的缺点，你一眼就可以发现，而自己，要低头、转身、扭腰，才能看到部分……那么孔子为什么要说这句话呢？难道当时不端正自己行为的人太多了？其实，何止是当时，每一个时代，每一分一秒，这样的人都在，或者说我们都是。端正自身的行为，这是很难达到的人生目标。

子曰："古之学者为己，今之学者为人。"

孔子说："古代学者学习的目的是为了修养和充实自身，当今学者学习的目的是为了向别人炫耀。"这句语录说得让人有些伤心啊。确实，学习本来的目的就是为了修养和充实自身，让自己在为人、生活的各个方面得到更好的历练，成就自己。当然，也成就身边的人、事，甚至周围的环境、时代。在完成自我完善后，也可以成就一些身边的人，也可以算是为人。但前提是开始的目标不变，确是先为己。而当今学者学习的目的是为了向别人炫耀，学习的动力变了，变成了取悦别人。诚然，这样做确实能得到一些好处，功、名、利、禄，这也都是生存不能缺少的东西，向别人炫耀除了在物质上得到优待，也能在心灵上得到满足感。适当做一些，并没有大错。但如果学习的目的就是为了这个，那么动机就不纯了，这样的人不能称之为学者。学习的目的除了博古通今，丰富自己，更要将学得的东西琢磨推敲，形成自己的一种思想，提升自己的境界，从而形成自己的为人处世之道；而不仅仅是阿谀奉承、谄媚献言，并以此博取功名，这种心态是不对的，这种人学问也是做不大的。孔子也许是看到如此世风，听到如此流言，失望之时才生此感慨。这种做法确实不高明，但孔子也许是有些悲观了。那个时候孔子是今人，先辈是古人，今人不如古人；但现在于我们而言，孔子是古人，我们是今人，今人还是不如古人。看到这种现象一直存在，不知是该庆幸还是叹息。但是不论何种时代，不论我们是此时的今人，还是未来的古人，不论在人看来我们到底是为己而学还是为人而学，我们都应该知道自己到底需要什么、怎样实现、怎样去学，就够了。而且我相信，任何时候，总有为己而学的人，不然，如何让后人敬佩又心生惭愧呢？

抒情性散文

向生命致敬

向生命致敬

朱加宜

艺术之源，在于内在的真。你的形，你的色，都要传达情感。

——罗丹

放假前，到国家博物馆去看罗丹的雕塑回顾展。展览的名字，叫作“永远的思想者”。

印象里罗丹的作品，总是沉重的，痛苦扭曲的。即便是少见的传达美好和爱情的主题，也是有着那么深邃的眼神，幸福的背后，透着一点若有若无的忧伤。譬如思想者右臂搭在左膝上别扭的姿势，抑或是加莱城中那个准备赴死的老人落魄的神情，每一刀的刻画，都无情地刺穿蒙蔽在“艺术”二字之上华丽的光圈，将赤裸裸的真实和悲怆呈现在每个人的面前，令你措手不及。

馆里展出的每一尊塑像后面都有一段真实的故事，每一段故事里面，又都有一份浓得要滴下来的感情。你走近这一个一个没有生命的石膏或者青铜块，凝视他们的肌肉，骨骼和附在身体上褴褛的衣衫，你会忽而感到在你眼前的是一条鲜活的生命，他有血脉，有心跳，有呼吸，他微微张开的嘴唇像是要对你诉说来自百余年前的悲喜。你会忽然感到在这里英雄不再是英雄，圣明亦不再是圣明，他们聚在一起，便有了一个相同的名字——人。

是的，罗丹的雕塑里，没有花鸟虫鱼，没有奇珍异兽，有的只是许许多多的真实的人，或者说，灵魂。当罗丹郑重地刻下模特健壮或萎缩的肌肉，年轻或衰老的容颜，光洁或粗糙的皮肤的时候，他所要传达的已经不是一个人的模样，而是一群人的感情。于是圣人可以摘下光环在坚实的大地上行走，英雄可以低下高昂的头颅，垂下手臂默默地沉思。他从不害怕违背大众心目中对一个形象固有的成见，只要，只要存在一种新的形象可以更直接、更纯粹地指向生命。

他从不避讳生命中存在的痛苦折磨，反而善于用它塑造出生命的美丽——痛苦的背后，必是有炽热而绚烂的感情做支撑的，他曾说过，“生命之泉，是由心中飞涌的，是自内而外开放的，同样，在美丽的雕刻中，常潜伏着强烈的内心的颤动，这是古代艺术的秘密。”他的浪漫也因而超越了伟大与渺小的隔膜，打破了时间的界限，留下一种自古不息的震颤——只要生命不息，魅力犹存。人性从苦难中散发出耀眼的光辉，罗丹用一个艺术家的热情与良知告诉世人，残破中也有着最本真的美丽。

钱钢在评价新闻作品时，曾经说过：“真实自有万钧之力。”我想，艺术上也是一样。

没有必要去刻意美化什么，遮掩什么的，不管那是一个乞丐被打断的鼻梁或是一个妇女被砍断的手臂，因为真实本身便是对生命最大的尊敬。

触摸北京

张云霁

北京，在我这十六年的生活中最熟悉的地方，却是鲜少出现在我的文章中。虽然从小到大，写过很多有关故乡的文章。每当这时，我总会觉得我是没有故乡可写的那一类人。故乡是什么？究竟是户口本上的籍贯还是户口所在地？若是籍贯，那可以说是我爸爸的故乡，但我对它除了每年春节不多的七天外没有任何印象。可是对北京却从未远离过，感觉称不上“故乡”。但若是将文章的题目换成对于什么老物件或者年幼之时成长背景的描述，我想应该能有很多可以说的吧。

“触摸北京”，这个题目对我来说是极为宽泛的。如老舍一样，我无法认清整个的北京。它太大，太丰富。故宫、陶然亭、北海、西山……宫殿、山水，一个个都是北京，极宏大极华美的北京。而对我来说，记忆最深的不过是故宫连理枝下的阴凉、北海冬天的雪橇。但是，这个题目对我来说又是极为贴切的。从小到大，我所熟悉的北京都是“触摸”出来的（这触摸不仅用手，而且是五感俱动）。蓝色牵牛茎上的绒毛、草茉莉的种子疙疙瘩瘩的触感、早市里带着白霜的瓜果蔬菜和不绝于耳的讨价还价、豆汁儿店里热腾腾的蒸汽和外地人闻不惯的味道、老人们手中收音机一年四季咿咿呀呀的京剧声……这就是我记忆深处的北京。

北京作为一个北方城市，却又真的是花卉众多。中山公园的郁金香、北海的荷花、颐和园的桂花、香山的梅花，一年四季络绎不绝。如果说一个北京人从未看过任何园子里的任何一种花，那便值得称奇了。作为一个北京人，怎样也是应该看过一两种的。但是，这些圈在园子里的花是不属于孩子们的。这些花都太安静、太遥远，既不是抬头就能见的家中绿植，也不是楼下家门口儿的丛丛野花。我童年对于花的印象，是由此组成的——牵牛和草茉莉。当时，家的楼下有两块被矮围栏围起的土地，除了楼里一位爱花的老奶奶种的几种我至今叫不上名的“奇珍异种”和两棵石榴树，剩余的便都是牵牛和草茉莉，以及薄荷、狗尾巴一类的野草。孩子们总喜欢翻过矮围栏，到里面玩闹。似是有了默契，从没人翻那缠有牵牛的围栏，从没人踩那长有草茉莉的土地（宁愿踩到那奶奶精心种的花，然后挨一顿骂）。到了夏末秋初，花落了，女孩子们争着抢着从地上捡拾——这是要极快的，万不能被人踩了——然后用石头捣碎，敷在指甲上或印在白纸上。保持的时间虽没有指甲花长，却也是值得我们炫耀半天的。草茉莉的种子也是一宝。这种子没长熟的时候是嫩绿色的，后来慢慢就变黑了。拿在手里疙疙瘩瘩的，像一个个小地雷。这个是捡不到的，只能趁成熟却没掉落的时候轻轻摘下。女孩子们是这方面的能手，每当这时候便要开展比赛，看谁摘得快、摘得多。男孩子们呢，是只能捡漏的，或者死皮赖脸地去采得最多的女孩子那儿要上一两颗。他们是要拿去当弹珠玩的。回家前，无论是谁，都一定要把自己手里的茉莉种子撒到矮围栏里，想着到了第二年去看看自己撒种子的地方有没有长出新枝，却总是在第二年忘了当时撒到了哪里。

北京的早市，那种现在已经没有的早市，也是奇的。每天早市里都是络绎不绝的讨价还价声，买什么都要货比三家。聊起天来就算是王大嫂买的比李大妈便宜一毛，都是值得骄傲的事。天还没亮，小商小贩或是踩着三轮，或是驾着马车，老早便从四面八方赶来。蔬菜瓜果上还挂着霜，不似现在，是没有人往上面洒水保鲜的。不到六点，各个早市便活跃起来了。一般的这种早市都在一个小巷子里，至少我家门口的是这样的。那里从没有固定的摊位，所以每天早上商贩们总是要早早地来。每个人都记得哪里的买家最多、哪里位置最好，但却是要留出一个位置的——那位置也总是卖得最好的——那是留给一对上了年纪的老夫妻的。貌似从来没人和他们砍价，他们家的菜也确实便宜，经常是最先卖完的。来早市的居民总是先到这里看看，多买点这家的菜。周围的商贩也绝不和老两口儿抢生意，还会帮他们打点，让他们早点回家吃饭。年复一年，在早市没有前一两年，这对老夫妻不再出摊了。听别的商贩说，他们的儿女一直想带他们一起出国，老两口儿却喜欢这早市。直到干不动了，这才离开了种了一辈子的地。那一段时间，还是有很多的人，每天最早到这里，看到那块空闲的柏油路，却是有着不舍的神情。

老人们总说，看一个人是不是北京人，只需看看他喝不喝得了豆汁儿就知道。天坛、龙潭湖的豆汁儿店，天天都是人满为患。豆汁儿、焦圈加咸菜，这是我最早知道的“套餐”。两大碗豆汁儿下肚，只觉得整个人都清爽起来。屋里虽热，却让人觉得万分舒服。豆腐脑、豆浆，单看都是极好吃的美味，在豆汁儿面前却都显得矮了半截儿。

戏曲频道是小时候除了少儿频道以外最爱的电视频道。生旦净丑，咿咿呀呀。虽不知唱词，却总能明白意思。无论是四郎探母还是苏三起解，听多了总能跟着哼上一两句，到后来也入了迷。以至于当时在楼下听到爷爷们手里收音机中的京剧声，总是要守到一折戏唱完才肯回家。耳边却依旧回响着京胡高亢的旋律。

我的北京，是看出来的、听出来的、闻出来的、摸出来的。这种感官的体验就是我对于北京最好的记忆。现在，每每站立在钢筋水泥之间，内心深处对于感觉的铭记带给我的是对心灵最好的净化和抚慰。

家乡的小路

余　翌

我犹豫了许久这篇文章究竟该不该写北京，毕竟，我虽不能算北京人，可细细历数下来也已经在这里待满了十一个年头。但要说北京，我能说的好像并不多。我对她的认识似乎只局限于我所生活过的这几个地方：王府井，东单，和平里。相较于周围的本地同学来讲实在算不得什么。好吧，既然这样，我还是来说说我的家乡江西吧。

之前我曾经写过一篇小说，讲乡下的留守儿童小青在贫穷但温暖的家乡与富饶却陌生的城市间的抉择。在动笔写那篇文章的时候，我的脑海中浮现的就是我的家乡的模样。小说的背景设定在冬天，因为我对家乡的冬天的印象远深于其他时节——冬天的乡下相较于其他时节，更萧瑟，更寒冷，却也更温暖，更热闹。春节是个特别的时刻，这时万物都沉入寂寥，人们的手头也闲下来了，开始吵吵嚷嚷、热热闹闹地准备春节的诸项庆祝事宜。外出的游子们一个接一个地归来，像是火星擦燃了人们的热情。这时的乡间的小路便格外得繁忙热闹，欢声笑语击碎了严冬的屏障。

我的记忆起始于爷爷家楼后的田间小道。这种小道在乡下随处可见：一块一块的水田就以这样的一道道窄窄的泥泞的田埂相连。这小道有多窄呢？像是你在小溪流上会见到的那种独木桥，你得小心翼翼地错着脚或者斜着身子走过去。我曾经一不小心踩下田埂，踩进了水田里。冬天水面上结的一层薄薄的浮冰就这么“咔嚓”一声碎裂开。水自然是冷的，但是冬天厚厚的棉鞋也保护了我。我发觉了这“意外”的有趣之处，跃跃欲试地想要再次踏冰而行，终究还是被爸妈拦了下来——我们正在去姑姑家的路上，并没有太多时间在田埂上玩闹。这也是乡下极少数的需要急匆匆地赶时间的时刻。毕竟大家都想早一点相见，多一点谈天说地共享愉悦的时间。

在爷爷家门口的那条路相较之下就宽得多了，但毫无疑问，在城里平坦宽阔的水泥或是沥青路面前，它还是显得落后太多。它的路面就是平实朴素的泥土，零零散散地分落着些石块，间或长着些杂乱无章的野草。在有阳光的日子里，它的砖红色土壤显得温暖、干燥，闪闪发光；而在刚下过雨或雪的时候，它是人们出行的大麻烦。那些雨水或是融化的雪水在地上积成滩，和着泥土成了湿湿嗒嗒泥泥泞泞的泥水。冬天在那条路上一蹦一跳地走着，努力寻找大些的石块当作下脚处，又尽力地避开那些泥水淤积的地方，不一会儿已走得满头大汗，却饶有一番趣味。

这次再回家，却见有大型的挖掘机、推土机与压路机停在路口，像是沉默而坚毅的守卫者，又像是举起武器将要大举进攻的入侵者。从爷爷含混着烟味的乡音里我得知，邻家的房子将要推倒重建成一栋更高更漂亮的小别墅，紧挨着爷爷家的田地也已转卖了出去，田埂上插上了杆子，拉起了一道隔离线，却不知道接下来将被如何处置。门前的那条泥泞的小路将被重修成一条宽阔平坦的水泥道，终于不会让出行再有困难。他缓缓吐出一口烟气，满是皱纹的脸上似乎露出了一丝欣喜的情绪。

我默然，双手插兜随意地将一颗石块踢出老远。我看着它咕噜噜地滚远，内心翻涌起一些混合着怅然与欣喜的复杂情绪。

我应当感到高兴，却不知该如何表达。那天我踢踢踏踏地在家乡的小路上漫步，踢踢踏踏地绕着田埂遛弯。我沉默地向它们告别，然后静静地等待着将有城镇的小路与房屋延伸进来，延伸进它们曾在的地方。

醉陶然

杨紫茉

“更待菊黄家酝熟，共君一醉一陶然。”自是香山居士的《与梦得沽酒闲饮且约后期》在先，甚至更早的，也同样爱菊的陶潜的“陶然自得”在先，城南那面阔三间、进深一半的亭子得名在后。却因年少无知，竟让这“陶然亭”以及那整个院子先入为主，日后再去揣摩“陶然”之状貌，说不出特定的形态，却都是到院子里闲逛的情形。

于我而言，亭子只是“陶然”的载体，那么“陶然”又是什么呢？大概是园中风物留在记忆中的陶醉感受。

南　夏亭

我念念不忘的那个园子，是围绕着陶然亭而建的，也就有了“陶然亭公园”的雅号。那亭子自然成了镇园之宝，却腼腆地躲在慈悲庵中，静待文士的拜访。慈悲寺坐落在近二十级的石阶上，平坦，灰白，较盘桓在扶手上的浓密绿叶和暗黄的石墙相比略显年轻。夏日太阳未升至中天或闭园前的几个小时里登临最佳。伴着钟声回荡在小小的古刹中，只需绕过一间小门，便从这片“净土”踏入了另一方“静土”。陶然亭上的“静”是含在“动”中的，只记得当时坐到亭子边，望去的第一眼就是垂感十足的柳树，缓慢且随意地摇摆着枝叶；亭对西山，山下就是陶然亭湖。日月百态，凉风拂过，浅绿的湖面上构成了舞动的光点：远近都在动，却不纷乱，让你只想坐在那里，怡然地坐在那里看一看、想一想或什么都不想。亭子宽敞得更像是一座宅子，没有门，穿堂风消解了身上的暑气也吹得让人睁不开眼，好像醉倒在石桌石墩儿上。瞥见两旁

《陶然亭记》等众多诗文，遥想当年文人雅集的圣地，今日独自登临并享受“烟藏古寺无人到，榻倚深堂有月来”的韵味。陶然亭里的陈设颇具雅意，却不知外观如何，不过，亭子里就足以让人消受了。

北　冬雪

家住在陶然亭公园的北边，每次进园都走北门，对于这一区域我是最熟识的。这里不比院中众多亭子的静谧雅意，总有着另一个世界的喧闹：停不了的笑声，隔不断的香味儿，被长不大的孩子们霸占着。多少次被棉花糖、橘子冰糖葫芦和爆米花缠住了脚步，其实是人们的步子不想再向前。零食与玩具总是最幸福的搭配，但北门这边的玩具可不能玩弄于手中，而是如同坐在雪橇上，感受冷风进入鼻腔的冰爽旅程——滑雪山。院中有两座“雪山”，一大一小，呈八字，名字就叫大雪山和小雪山。从人造的假山高处坐好，上身一倾，用最舒服的姿势滑下去，一次“滑翔”也就结束了。眼看从高至低的滑落，曾是多少次朝思暮想盼来的美梦成真，曾是多少次积攒的不悦和烦恼在片刻内的畅快释放；方形的白瓷砖和假山，那奇妙的组合博取了多少孩子的欢笑，留住了多少大人不严肃的姿态……雪山，为每一个人找到了最快乐的自己；雪山，一座没有雪的山。

在北门附近有雪的地方，我的意思是眉梢都落了雪花还值得一看的地方，那应该是窑台了。窑台上一座小亭唤作“窑台映雪”。虽有“雪”，但那雪是秋雪，即“芦花摇白”，重阳节后观赏最佳。可我却说，大雪纷飞时节，“雪满长空”不比“芦花摇白”逊色什么。窑台前，雪洒在松柏的针叶上；窑台后，雪盖在半山腰的石阶上。自然的颜色被白色调得柔和许多，却有一种身处冰川的断面，既不敢向前，却又安逸于与自己的小世界独处的感觉。

西　秋花

郁达夫先生曾在《故都的秋》中写道：“在南方每年到了秋天，总要想起陶然亭的芦花……”看来，秋天的芦花在陶然亭是最负盛名的。

只是直至现在我也没见过陶然亭公园中的芦花，至少没有刻意找过它。因为，秋天，另有所爱。

在西门的附近，专有一座“月季园”种植着几万枝月季花，那里春末夏初，游人不止。四月至六月的时光里，一朵花上，花瓣与枝叶竟能鲜艳得发出光亮。艳得多彩，艳得浓烈。我爱的正是那里的月季，只是与别人爱的时节不同。我愿意在秋天，从西门离开园子时多去看看月季。当大地被夏日灼烧尽了多数颜色，月季的花瓣：橙色的外边成了淡黄色，淡黄色的就泛了白，最惹人喜爱的是极淡极淡的粉色。夜晚的露水能够留到第二天太阳升起，水珠使花瓣又增了几分透明度和淡雅的光泽。在阴沉的微风中，它们不高昂，也不低垂，不等人来，也不叫人扫兴而走。所谓“开到荼蘼花事了”，花期终了是自然的事，花儿只要向着阳光，自在、随性地生长就够了。我喜欢公园里的月季花，是因为喜欢这个公园，好像公园把自己的秉性赋予了月季花。

东　春墓

某一年的清明节，不知怎么走到陶然亭公园，看到许多手捧花束的人们从东门走入了公园，我从没有到过那个门，那一次也跟了去。跨过榭湖桥，来到陶然亭湖中心的小岛上，又沿着大片松林走了许久，进入了方形的小广场。正中，矗立的汉白玉上写着：“高君宇烈士之墓”。那日在英雄归处，铺满了白色、黄色的花，束花的丝带在大风中发出历历响声。风，吹起了花篮上的挽联，也吹开了尘土之下的故事。

这碧波粼粼、松林拥簇的地方不仅安葬着高君宇，还有他的爱人石评梅。远看两座尖锥形剑碑并肩而立，直指天空；近处细读：

> 我是宝剑，
> 我是火花。
> 我愿生如闪电之耀亮，
> 我愿死如彗星之迅忽。

前来祭奠他的人们反复地读着这几句，他们的神情告诉我他们仿佛看到了：就在脚下的这片土地上，曾经有一个清瘦的男子，在他“迅忽”的生命里，为革命的胜利擦出希望的火花；在追随信仰的道路上，疾病让他停止了脚步，但希望仍随着春风飘到了远方。也是在这片土地上，高君宇与石评梅相识、在革命的事业中相互为伴，直到最终至死不渝的爱恋深入泥土，让松林青青、春风骀荡。高君宇生前曾希望死后葬在陶然亭，石评梅照做了。三年后，带着他们曾经的定情之物，石评梅葬在了高君宇的墓旁，轻声说道：“我来了。”

之后又去过那里多次，好像一年之中，春风青冢前总是鲜花环绕。这园子里的一隅，因为有了生命的温度，让人如痴如醉。

我始终相信：这座园子能够为人们提供一种名叫“陶然”的生活方式与精神境界。带着最简单的自己走入这里，从心所欲，如梦如醉。

民族脊梁

毛之琪

鲁迅的文字是压抑的，他把美好的东西无情地撕碎给人看，一针见血地指出社会的悲剧早已渗透到每一个看似无法达到的角落，让固守封建思想、排斥改革的人醒来，让那些选择置身事外、醉生梦死的人醒来，让那些沉默不语、甘于落后的人醒来。鲁迅在这条拯救民族危亡的大道上缺少并行的人，他扛起了国民的使命，只留下冷峻而又坚毅的背影。当时的中国何其幸运，能有这样一个“拿着显微镜和望远镜看社会的人”（毛泽东对鲁迅的评价）拖着拽着将一群中国人从黑暗混沌之处，引向光明的未来。

从最初“慰藉猛士”的呐喊者到“荷戟独彷徨”的彷徨者的转变无疑是无奈而又悲哀的。大步向前、振臂高呼的他终究还是抵不过那股不可抑制的下坠的力量，火热的内心在人们冰冷麻木的眼神中逐渐冷却，想要持续呐喊却是再也没有力气了。他忽的失去了前进的方向，进退失据，孤独无依，却仍在原地坚守着，无言地思考着。

鲁迅在他的文学生涯中创造了多个典型的社会人物，“阿Q”“孔乙己”“祥林嫂”等鲜明的人物形象都有着长久的艺术生命力。但令人悲哀的是，鲁迅也正被我们标签化、刻板化，他在人们心中只是一个不近人情的且遥远的文学家、思想家、革命家。人们总是有意无意地忽视鲁迅文字中的温情。但我对鲁迅故里的拜访，拉近了我与这位伟人的距离。

鲁迅家是典型的粉壁青瓦的江南建筑风格，门前有一条窄窄的小河，河上是略有些摇晃的乌篷船。“这是鲁迅去奶奶家时会走的路。”当导游这样介绍时，我内心有着说不出缘由的暖意。来到了三味书屋，看到里面的摆设古朴清朗，切实感受到了学风的质朴与正派。看到鲁迅曾用过的书桌，想到鲁迅“口到、手到、心到”的读书心得，也在无形间受了教育。最欣喜的莫过于来到了百草园，刚踏进我便忙将再熟悉不过的《百草园与三味书屋》里所描绘的场景与眼前看到的景象一一对应，当文字真的被立体化时，又感到无比神奇与亲近，有种孩子般的欢乐。鲁迅故里让读者们真实地体验了他的生活，深刻发掘了他身上温暖的、与大众生活相关联的一面，又由此生发出对鲁迅别样的看法。

都已然从鲁迅故里出来好一会儿了，在转角处的墙面上赫然有四个大字“民族脊梁”。那个穿着中式长衫、夹着烟头、眼睛深邃地凝视着前方的身影似乎朝我走来。我站定了很久。

我想不出比这更贴切的词句来形容鲁迅了。

北京，深入灵魂的热爱

文浩宁

曾经有一次课外的英语课上，同班的姑娘问我：“你最喜欢哪个城市？”

我毫不犹豫地告诉她。

“北京。”

她眼睛瞪得像小灯笼，诧异地对我说：“住了这么多年，你也真不嫌腻，又是雾霾又是堵车，还嫌不遭罪啊。”

我笑而不答，心想一个作为外乡人的她是永远也不会懂那份家一般的爱的。你能因为你的家的简陋而舍弃它吗？更何况它和简陋一点也搭不上边，这是一座多么丰盈而典雅的城，好比是多少年把玩过来的上好的翡翠，莹莹的柔光里不知蕴藏着多少不言说的故事，你绝不会因为一点点的瑕疵而把它摔得粉碎。

我住在这里十六年，走出这片土地的时间从未长过一个月，我的父母，我的祖辈，他们同样是打那皇城根底下长起来的孩子。爬的是城墙，钻的是胡同，游水的地儿是什刹海，他们看着这座城从静谧成长到繁华，看着护城河如何变为二环路，看着拔地而起的摩天大楼，看着匍匐在地下的一条条贯穿东西的地铁线。对于我们来说，这里已经不再是一座城，一个居住地，它是我们的归宿，我们的灵魂，是我们本身的一部分。老舍说“北京像我的母亲”，我想这样的比喻只能用在离乡的游子身上。对于还深处北京的我，这比喻远远不及我们之间那刻骨铭心的联系，我只能告诉你，北京就是我，我就是北京。纵是血浓于水，孩子和母亲总归是两个个体，我却想象不到如何把北京从我的生命中剥离，人不能离开他的生活，纵然未来我不在这里居住，它也是我的梦，是我的品性、我的根基。

有很多人说北京人的狂傲，无论身价高低，他们总会以城里人自居，瞧不起一切外地的移民者。这我承认，甚至承认得很高兴，因为这源于一股世世代代培养起来的家乡的自豪感。直到此时此刻，我也仍在叹息。对于北京城，我的贫乏的言语连它的影儿也描摹不出，就更不要期待能有谁懂得我对北京的这份情了。

郁达夫的《故都的秋》里，这份孤独更显得深重。倘若抛开作者的一切，单从这文章来看，我一定要告诉你北京的秋就是这个样子，尤其是那十一月的深秋，悲凉肃杀，可以不分青红皂白地把你吞噬。这样的秋天凛冽却又广博。之前地理课上同学的演讲，说这越辽阔的景致越可孕育文化，中原地区的广袤原野，古埃及的茫茫沙漠，古印度的万顷平原，人天生对博大广远有着着了迷似的向往，就如同那落日惆怅一般，孕育着生命的哀叹和幽思。北京的秋承载着帝国的文化，传承着中国人骨子里的家国情怀，更培养了一股“晴空一鹤排云上”的顽强与自信。这是我们民族的精神。秋的肃杀带来了环境的恶劣与悲伤，却更能让人觉醒对自我力量的认知，那是不知不觉中产生的一种愈挫愈勇的精神。正所谓“生于忧患，死于安乐”。北方的秋天给予我们这个民族生生不息的动力与勇气，如同悲剧带给人心灵的战栗一样，让华夏子孙在秋日的寂寞里反思自己，发泄自己，进而超越自己，延续历史。

这一点上，郁达夫就写得真好，只是他的妙只在于发现，不在于创造。

土地哺育人民，我们能从这季节中收获，被这季节塑造，但没有任何人能用他自己的情绪改变什么。我只能说是郁达夫的情合上了这番景，却绝不能言这景源自于他的情。

如果真让我说北京，我可以说上一天一夜，从北海白塔塔尖上的夕阳，到海棠花溪里的满天花雨；从琉璃厂的文玩字画，到什刹海的灯红酒绿，再到西单、王府井的热闹与繁华。最要紧的是这一切的一切，全然不是我从书本上可以得来的。有些人或许看了这些篇名家的散文，忍不住叹一声，北京很美，可他们爱的全然是虚的影儿。我敢说我说的每一件事每一个场面都是我亲身的经历。北京绝不是一座你要通过别人的眼睛看的城。也许就是站在窗口，看一栋栋错落有致的居民楼也可以足足耗上一下午。小学时闲得无聊，当真画了许多的楼房。北京可以很大，几朝古都，北京有的是皇家气派。可北京也可以很小，就算是再普通的人家也别有生活的情趣。我的小学就在小区里，同学都是邻里街坊，揪一把老槐树上的槐花坐到跑道上可以啃一中午，院子里可以打下紫得流水的桑葚，红透的山楂果，白胖胖的石榴。所以我懂，我懂这些名家们为什么这么执着于北京的闲散生活，这绝不源于他们的生活情趣，而是这里，这片土地就是这样的模样，是这里的情趣冲撞了这些作家们的感官，让他们不得不为之惊叹，为之折服。

触摸北京，这题目很可笑，我活在北京城里，被北京所包围，又如何要去触摸，倘若真让我去找一个词来形容，我忽然想起曾经的作文题——“深入灵魂的热爱”。我想北京，就应当是这样一个地位吧。

杂 感

耿彤岩

我好像生来就是为了给别人增添安慰感的。

记不清从哪里看到过："安慰别人最好的方法，是告诉他，'你哭什么啊！看，我比你还惨。'"若是按照这句话来判断，我岂不是很擅长安慰别人?!

若是时光倒流，我会无颜和幼年的自己相认。那时候的自己，由于家中的启蒙教育显出了效果，很外向，"嘴儿甜"，爱好"广泛"，正是拔苗助长的"优势"最为明显，而各方面的欠缺还未显露出来，顺理成章地便成了左邻右舍的"小名人"，也是幼儿园里的"小榜样"。这光环我一直戴到二年级。

随着年龄增长，曾经的"优势"演化为劣势，我渐渐地无法从自己身上找到优点：性格内向，羞于开口；曾经喜欢读书，现在却沉迷网络；成绩只能勉强说是"平平"；小时候学过的特长都没能坚持下来；身体素质差，身材也不好；做事没效率，重度拖延症……

因此，高中一开学作自我介绍时，我对自己的描述是："我最大的特点就是没有特点。"身边有着惊人才能或传奇经历的人的例子不胜枚举，就以我提笔几个小时前在返校的路上偶遇的一位初一小学妹为例，她从小学习多种外语，目前可以用法语、梵语、冰岛语进行简单作文。每每看到别人亮出一手绝活，我只能微笑着叹口气：我真是一无所有啊。

可我真的"一无所有"吗?

并不是，我有着和谐的家庭环境和勤劳而善解人意的父母。住宿生活中最期盼的，莫过于经历了一两周疲惫回家之后的那顿晚餐。通常，在我还未启程返家时，母亲便打来电话询问我想吃什么。由于家远，我一般在晚上将近9点时才能回到那个养育我的一隅世界。走出车站，远远地就望见路灯下父亲等候的身影。飞奔过去，不待喘息便开始讲述学校的一切，而父亲耐心地倾听着，接过我的书包，并递过来一件厚实的大衣。回家的路上，我会坦诚地讲述我的名次、我的学习状况。父母从不对我的成绩做要求，一般也只会要求我不要生病，保持健康，甚至在我高中次次考试都是全班倒数后也是如此开明。离家还有几十米时，我总能一眼望见家的窗口——这个点儿，只有自己家厨房还亮着灯，暖黄色的灯光引诱我加快了脚步。再近些，我便能看清母亲在窗口望眼欲穿的身影。母亲看到我们，犹豫着端详了一阵，确认是我和父亲无误后，兴奋地向我们招手："回来啦？"她很早就做好了饭菜，但执意要等我回家后共进晚餐，我从不知她在窗口等了多久。走进楼道，熟悉得令人安心的香气扑面而来。踏进家门的那一刻，我感觉自己拥有了全世界。

作为一个活在当下的普通人，我拥有这些就很知足，何必再强求过人的才能呢？

退一步讲，"优秀"是相对而言的。有了英雄，就必定会有那些在路边鼓掌的人。若是消除了差别，衬托英雄的人不存在了，那么英雄又怎样存在呢？绝大多数人无法在一个相对较大范围内成为某个领域的"英雄"，但若在一个较小的范围中，是不是就可以了呢？再者，做一名衬托英雄的普通人就一定不好吗？在某一领域有着出众才能的人，即使没有人实力在他之上，一般也会有实力相当的对手。选择不去做英雄，少一些劳累，少一些竞争，虽然会错过许多艰辛却美好的经历，但也未尝不是一种活法。

但做"普通人"也未必不需竞争。就像挤公交，如果不积极一些，永远也挤不上车。生活如逆水行舟，不进则退。一味地逃避竞争，往往是自取灭亡。竞争是生活中必要的组成，无论是为了生存还是为了发展，是为了保护已有资源还是获得其他优质资源。但正因为有了竞争，才加速了发展，对我们自身起到督促作用，不是吗？只是不能被竞争冲昏了头脑，为达到目的不择手段，因为从长远看来于人于己都不利罢了。

假若有一位神明操纵着世间万物，我相信他并没有公平对待每一个生命，否则为什么会有早夭的婴儿，还未感受世间酸甜苦辣便匆匆离去？为什么会有处在不同进化阶段的生物，有些可以跑跳可以茹毛饮血可以享受食物链顶端的便利，而另一些则要拖着羸弱的单细胞身躯在水塘中苟全性命？可我又相信我们能够在他赐予的一切之外继续争取，否则生物为何会进化？因此，神明大人是仁慈而明智的，他让我们学会了接受命运，又赋予了我们改变命运的权利。我们作为有思考能力的人类，又平安健康地活到了这个风华正茂的岁数，已经可以算是神明的宠儿，为什么不借此契机好好活一回呢？即使不能出众，不能当“英雄”，自己的人生经历也是独一无二的，“活出个样来给自己看”。正如乔叶所说——

“怀着美好的预感和吉祥的愿望活下去，坚韧地走过一个又一个鸟声如洗的早晨。”

把一片赤心上交给国家

余　翌

六天的陕西之行落下帷幕。坐在回程的火车上，身侧窗户里显现出沿路飞驰而过的景物。我撑着下巴凝视着窗玻璃，却无意瞥见窗户上映出的影——前座的女生戴着耳机，捧着 iPad，正聚精会神地看着剧。我凝神一看，笑了：哎，这不是这阵子特别火的网剧《盗墓笔记》吗？

自六月开播以来，随着“上交给国家”这一句式迅速走红，越来越多的人关注到了这部由盗墓小说改编的网剧。随之而来的评论声中，有嚷嚷着真是一部烂剧的，也有觉得剧情引人入胜的，但在我的微博首页上，更多的是许多《盗墓笔记》书迷的反感和愤怒。“这哪还是盗墓笔记，根本就是护宝笔记啊。毁原著，恶心。”诸如此类，不胜枚举。

首先要承认，作为一个书迷，在了解到这个新设定时我也忍不住吐槽了许久：书中倒卖文物，为了收集明器、探明真相而几番下斗的古董店老板小三爷，到了剧里硬生生改为为了保护文物、阻止盗墓而开展护宝行动的海归留学生。这样大的反差，不能不说对大部分高举着“还原原著”大旗的书迷来说是件难以接受的事。

可是我不愿做一个只发泄怨气的人，我试图去理解这些改动的原因。而在这次陕西之行中，我有了自己的答案。

（一）

西安，古称长安，取“长治久安”之意。这座有着 3100 多年建城史的古老城市身为十三朝古都，蕴藏着数不尽的历史文物。陕西，中华文化的重要发祥地之一，在它境内，更是有许许多多著名的历史古迹。

我们行走于各个帝陵，去了解那些数百、数千年前帝王的传说；我们站在古朴的佛塔下仰望，去感受那些以宗教传承的无上的信仰。我为那些历经世事沧桑却屹立不倒的楼阁而惊叹，为那些诞生于千年之前却精妙绝伦的古物而叫绝，为那些故事抑或是传说而一次次心生叹服。

我从未觉得自己距离历史这样近。

曾有这样的说法：从过去到现在的距离可能是千年，可从现在到过去的距离，遥不可及。然而，那些在时间里沉淀留存下来的东西让我们在遥远的今天也能一步步追寻数千年来华夏文明起源与发展的过程。那些文物绝不仅仅因为是文物而应被保护，更重要的是，它们是历史的见证。通过它们承载的是文明——而这，是不可复制的。

（二）

走在唐永泰公主墓狭小潮湿的墓道里，我转过头去欣赏墙上斑驳的壁画，壁画上的侍女有着丰润富态的形体姿态，是唐朝独有的审美追求，别有一番特色。只可惜，只有中厅的壁画保存得还算完整，其他的一些墙面早已破败不堪。

最初走进墓道的时候，导游告诉我们这个墓曾经被盗过。考古发掘之时，考古队在第六天井附近发现了一个盗洞，在盗洞下有一具白骨，想来是一伙盗贼为了能多分得些赃物，在离开时便将留在洞内的最后一个同伙砍死。他们不但窃走了不少珍贵的文物，更由于留下了盗洞，使千年来雨水和着泥沙沿盗洞流下，破坏了许多珍贵的壁画。走着走着，她指着墓道顶部一个用砖石封住的洞口，介绍道："这便是那盗墓贼留下的盗洞。"

听着导游的介绍，看着那个洞口，我突然心里一惊。这是我第一次这么真切地认识盗墓——它到底不是小说中那样的只带有传奇色彩的惊险刺激的探险故事，它是违法的，是会给自身带来巨大危险、给古迹与文物带来灭顶灾难的活动。当我那样痴迷于书中的墓里世界，当我那样幻想着"刺激的盗墓活动"，当我只追寻着书里主人公的探险之旅，我从来没有像那一天一样，在心底里泛起一种惊慌与惶惧的情绪。

我当然不会自己去实践盗墓这样的违法行为，但是我也从未这样正视它在现实里的含义。我们着迷于书里的故事——因为它毕竟只是故事，我们也只认为它是故事，它从未以这样真切而露骨的方式展现在我们面前。

它是故事吗？

它是过去的某个人用自己真实的人生写下的沉重的告诫，是那被湮没在泥土与洪尘下的壁画无声的控诉。

（三）

在宝鸡青铜器博物馆，讲解员给我们介绍那些精美繁复的青铜器。其中有一件展品令我印象尤为深刻。那是一件爬龙，长 60 厘米左右，龙身装饰着各样花纹，造型刚劲有力。我格外喜欢这件展品，便掏出手机拍下几张照片，却发现它的四足明显带有被截断的痕迹，似乎本来是与什么东西铸接在一起的。

讲解员介绍说，它原是一件青铜鼎上的装饰。这鼎被人发现后，本想挖出来卖掉，却发现它实在太沉无法搬动，于是他截下了这只爬龙带走并卖了出去，而鼎则被丢弃了。鼎上面是有铭文的，因此，那人毁掉了一个皇帝在这世上留下的痕迹，直到现在，专家也无法判断这究竟是谁的鼎。而那人被警察询问时，根本不知道发生了什么。“他可能永远都不会明白，自己毁掉了一件多么珍贵的东西。”说到这里，她的语气中已经含了浓浓的无奈与惋惜之意。

我也跟着叹息，除了叹息，还能说些什么呢？

我们玩笑一般地说着“上交给国家”，然而当真正遇到珍贵的、需要保护的东西，有多少人能明白应该怎么做呢？又有多少人真的会这么做呢？或许是因为在我的日常生活中，我并没有发掘文物的机会，所以我说得再多也没有什么用。然而那些真正有可能接触这些的人们，他们中有多少人有着保护文物、上交国家的意识？他们中又有多少人有着专业的考古素养？

我不禁想起曾在初中时读过的《道士塔》。我叹了口气。

“他们可能永远都不会明白，自己毁掉了多么珍贵的东西。”

（四）

宝鸡青铜器博物馆的展厅内有一块展板，上书“近年宝鸡农民护宝功德榜”。两大张表格，填满了密密麻麻的名字与年份。最末一栏里“出土文物情况”中，各样的文物令人眼花缭乱。

表格侧边，写着八个大字：子子孙孙万年永宝。讲解员告诉我们，在这些农民中，将发现的文物上交，算是一种代代传承的习惯。他们认为这些文物是老祖宗给予的财富，擅自留存甚至卖给别的人来谋取私利，是一种不道德甚至不敬的行为。她不无骄傲地说：“宝鸡之所以能被称为青铜器之乡，不仅是因为这里有数不尽的青铜器文物，更是因为我们的人民有着保护文物的意识与热情。”

子子孙孙，万年永宝。宝鸡一代一代的农民，或许不会知道这些文物值多少钱，或许不会知道它们是哪个朝代的作品，或许不会知道它们采用了什么技术，可他们明白，这是历史的财富，很珍贵，要保护，要传承。

这是一种坚持，也是一种使命。

六天的旅途中，我们参观了黄帝陵、兵马俑、乾陵，欣赏了唐歌舞，游览了碑林、法门寺、大雁塔与诸葛亮庙，观赏了陕西历史博物馆与宝鸡青铜器博物馆的文物。一路下来，我被我们五千年丰厚灿烂的文明所深深折服。那些墨玉雕刻的碑文，砖石堆砌的城墙，青铜铸就的形状，陶土烧制的容颜，甚至于土地之上自然生长出的参天巨槐，深藏地下还未开发的陵墓……一桩一件都那样令人惊叹。我们的祖先给我们留下了无数宝贵的财富，那一份沉重而丰厚的积淀沉淀进血脉里，成为一种浓浓的华夏民族的自豪感。

因为有了这样的自豪，所以会明白，这些文物有着无上的价值；因为懂得了它们的价值，所以自然而然会自心底生发出一种责任感——去保护它们，并且把它们传承下去。

再次点开《盗墓笔记》网剧，有这样一段话，令我感慨万千：

“在德国念书的时候，我曾经看见博物馆中放着很多我们国家的文物。在德国同学赞叹文物的时候，我却不知怎么解释，为什么我们的文物会出现在这里。爷爷那辈人，或许有各种不得已的理由，将出土文物卖给文物贩子们。可现在更多的人只是为了利益，让这些美好的东西永远离开了我们。我当时就决定，尽我所能去保护文物，不再让那些文物贩子和盗墓贼有机可乘。”

曾经被我诟病的一段话，现在却已让我有了全新的认识。作为相较于小说有着更广受众的传播方式，这部剧，绝不能再仅仅停留于满足人们对所谓“盗墓历险”的向往。它应当承担起更重要的社会责任：告诉大家，保护文物，保护我们的文明，继承和发扬灿烂丰富的中华文化是我们的责任。

“把文物上交给国家”不应当只是网络交流中挂在嘴边的一个“梗”，而应成为一种责任意识，成为人人都铭记于心的道理。我不愿再以一种戏谑的口吻来重复这句话——我更愿意用一颗爱国的心来发扬它。

“把一片赤心上交给国家。”

灯火与星空

王天翼

（一）

工业化的节奏快了，自然有人欣喜，也有人烦恼。有人会说：璀璨的灯火是人类对至上天空的玷污，是对宁静夜空的破坏。

龙应台对待灯光的态度倒是非常令我赞赏，她说，幸福就是，寒流来袭的深夜里，医院门口“急诊室”三个字的灯，依然醒目地亮着。

我以为，龙应台笔下的温暖灯光与大自然赐予我们的纯净夜空同样珍贵，因为美的意义不仅仅在于美本身，还在于美给人带来的价值。灯火也好，星空也罢，任何一种抚慰人心灵的光明，我们都缺不得。

叶延滨曾有一文《灯火的温情》，表达他对荒野无灯的恐惧，对荒野中一缕灯火的温情、热切而真诚的渴盼。他说：“人生之旅，总会经常穿行于荒野无灯的境界，如火车会钻进漆黑的隧洞。当列车在长长的隧洞中穿行时，虽然身处险境，但作为乘车人，我们处之泰然，泰然是因为一种信任感和依赖感。”信任感、依赖感，这无数次让我想到深夜点开邮箱时闪现的文字——“无论多晚，总有一盏孤灯为你点亮”。孤独吗？有时就取决于一盏灯，甚至连灯都不必看见，只消有一句提醒你有灯的话就够了。

小时候我习惯早睡，随着年龄的增长，我睡得越来越晚了，往往等到万家灯火熄了，附近的写字楼也送走了最后一批加班者，我案头的灯还依然亮着。这时我每每感到一丝凉意：只剩下我了。而最令我诧异的是：家对面的宾馆，从来没有哪怕是一扇窗口亮过灯。难道这宾馆的生意太差，门庭冷落车马稀？那它又如何支撑了这么些年？抑或是住店客人们都习惯早早休息？可天下又如何有这样巧合的事？我百思不得其解，难道连远行的旅人们都不肯和我共度黑夜，只留下我和我的家人？后来我终于得知，那宾馆朝向我家的一面全是走廊，不是客房；走廊的大窗都用染色磨砂玻璃，不透光。

不禁莞尔：真是的，当初我又何必把动力寄托在这些我根本无从看见的灯光上呢？管它走廊那端时明时暗，我这里的灯亮着，还不够吗？

再后来，听邻居阿姨说，她家的阳台正好能望见我的书桌，她家小弟弟刚刚说话时，常趴在阳台玻璃窗前，对着我家的灯光，对着伏案奋笔疾书的我，絮说：“哥哥……哥哥……”我瞬间被感动：原来不只是我期待看到别人的灯光，别人心中，也有一份我的灯光。人都是这样，总要把自己放在一个群体中的某个位置，好找到那些可以抱团取暖的人。

后来，他们家又添了一个小妹妹。一次我走出电梯，看见哥哥正领着妹妹玩。妹妹见了人，紧着往哥哥身后躲，哥哥一面拉她，一面指着我说：“不怕！不怕！你看！这是咱邻居！……”

忽然开始羡慕，当哥哥的感觉。

（二）

灯火的力量可否与星空相比？我仍记得一次深夜仰望星空的经历：街边的路灯依旧是安详地亮着，让饥饿的人想起面包的芳香，让魂不守舍的人想到佛陀。背上的书包很沉，我不经意地抬起头，聊解肩头酸痛，然后第一个发现的便是湖蓝色的天空——天幕是蓝到极致的深蓝，并不全黑，与其说是生宣上一染松烟墨，不如说是贝加尔湖底泛着气泡裹着冰碴儿的湖水蓝。然后，我一下子望见了一颗星，然而我并不怎么激动，因为这浩瀚天幕中一颗星，就像是白衬衫上一丝黑绒线，是那样突兀，那样孤单，急得你心头长了一根刺，还不如没有的好。我这样想着，随意地一瞟，又是第二颗！第三颗！……由无到有是绝不惊喜的，但由一到二、二到三、三到十几颗的那种喜悦，直直飞进我心底，就像海浪轻拂沙滩，触到我心底最深的角落。

刹那间，在这群星点缀的夜空下，我无言地被震撼到了，我一下子明白：我们根本不必担心人类文明会毁灭自然文明，因为我们人类真的根本达不到自然的量级；但我们也不必因此而贬低人类文明，因为人类文明本就不是用来与自然相提并论的。

简单地否定现代文明是矫情，现代文明与自然文明不是用来比对的，而是用来相互启发的，核心是情真。从深层意义上来说，灯光与星空一样会给人以温暖和希望。

黄石公园里有座“老忠实泉”，定时喷发温泉，上百年从未间断。人世间一天会有对爱人的多少誓言？其中有多少又真的能实现？大概很难比得上一眼泉水。不过，大多数人既然发过誓言，就证明彼此曾经真诚过。

泉水无心，人有心。哪怕这真心，只有那一秒钟。

宇宙为了将一缕星光送入我们眼帘，可以等待好几亿年。我们对再亲的人，大概也送不出一句等待太长时间的话。太多次，我们无意间点开 QQ 的生日提醒，发现当天是某个人的生日，然后顺水推舟地送上一份虚拟世界的蛋糕——仿佛送不送都无所谓。

不过，当你刚一看到生日信息时，心里总会有那么一点小激动吧？

况且，我们每个人心中，总会有那么几个人——不必多，只需几个人——他们的生日你熟记在心，你会提前几天——不必长，就几天——挂念这件事。你也无须送什么礼物——只需心中存个念想，就足够让你在那几天激动的了。

提前几天提醒自己：某个人生日要到了，本身就是件美好的事情。

区区几天，在向我们传递星光的宇宙信使看来，或许连一秒钟都算不上。但人一生又有多少天呢？为一个人而挂念几天事，难道不算是人类最饱满的情感吗？

头顶亘古不变的星空让古圣先贤们长久地为之迷醉，也为之终身困惑，并且，这种迷醉与困惑在我们后人的生命中终将持续下去。“奈何以非金石之质，欲与草木而争荣？”人太渺小，文明尺度、情感尺度，都难与浩瀚宇宙相比。唯有一份心思是真的，不比草木金石假、不比星月秋阳空。

钟鼓楼的答案

黄静宜

一座座城市，就像一个个人，都拥有着脾气、性格、经历……无论是定居者还是过客，对于每一个来去匆匆的地方都总有着一些记忆。我们或许讨厌它，或许依赖于它，或许感到与它有着千山万水的阻隔。但我想，我始终应该把它记录下来，以此来记录下我的人生。

谈到北京，太多片段式的记忆一下子涌进脑海，想要从中挑一个下笔，却发现它们竟是彼此关联、无法割裂开。它们是记忆里一碗或甘甜或辛辣的酒，我企图沉醉于其中，可以长久地拥抱它们。可发现儿时熟悉的每一条街、每一个人最终还是成了脑海里一些闪烁而无法捕捉的影子。

曾经听过老一辈的人说，整个北京城只有站在银锭桥这块地上，才能看得见西山青翠朦胧的如画美景。但可惜的是，小时候的我曾经虽然无数遍地走过银锭桥，却从来不知道它名声在外。或者就算儿时远眺望见了那西山，心中怕也没法产生些许悸动。可现在的银锭桥被从世界各地拥来的如潮人群填塞着。

当夜色成为这里的主宰时，那些被压抑被隐匿的灯红酒绿便开始悄无声息地浮现。酒吧的投影广告映射在银锭桥上，蓝白色的光圈衬得人脸上泛着奇异的色彩。你耳中传来的是酒吧驻唱歌手或许狂野或许沧桑的歌声，你会始终觉得他们的声音里带着一种很江湖的味道，带着一个漂泊的故事。

这看来确实是一派歌舞升平的盛世景象，银锭桥被灯光簇拥着，被人们纳入镜头。而当这种时候我突然想起，其实它是此城中水际看西山第一绝胜处的桥啊，心中好像泛起了一丝说不清道不明的心绪。操着天南海北的口音的人们聚集在这里，这好像没什么不好，虽然再也望不清那西山，顶多在夏日里瞥见几朵残荷。

可当所有的繁华再次退场的时候，前海的胡同里那些矮旧的老房，什刹海冰面上溜冰的孩子……从百花深处一直走到地安门，午睡刚醒遛鸟碰见的老街坊用很地道的京片子互相打招呼，门脸儿破败的小饭馆旁边是一扇紧闭着的漆红色大门，这些又好像都是老北京的味道。

曾经骑着单车踏过了林荫道干脆的落叶，路过了略显寂寥的鼓楼钟楼，路过了南锣鼓巷的人流如织，路过了地安门拥堵的车水马龙，路过了积水潭的护城河。在我的印象里，那曾经还是一条常常发生意外事件的常常断流的小河沟，而此时的它拥有了一个全新的名字“护城河绿廊景观”，人们甚至给它赋予了更加诗意的含义“钟鼓余音”“德胜祈雪”“潭西胜境”。曾经我们坐在那条长凳上面对着几块河道上裸露的石头，漫谈过人生理想、未来规划，而如今那条长凳被纳进了景区。地安门十字路口的栗子店永远都是那么的红火，鼓楼东大街那家卖山东呛面馒头的小作坊的门口依旧排着长队，护国寺的小吃店这么多年还是在玻璃柜里摆着那几样。

何勇有一首歌《钟鼓楼》，描写了一个太家常太朴素的北京。曾经被堵在二环路，心中无比烦躁的时候，出租车司机调台恰好就调出了它的旋律。那一瞬间，太多太多的情绪在心中冲撞着，“钟鼓楼吸着那尘烟，任你们画着他的脸，你的声音我听不见，现在是太吵太乱。你已经看了这么长的时间，你怎么还不发言？是谁出的题这么的难，到处全都是正确答案……”

这里的店铺林立、霓虹闪烁、风花雪月以及这座城市每一段快意恩仇的故事，都是北京的城市记忆。它非常轻易地就可以成就一些人，但同时也可以毫不费力地辜负一些梦想。在这里，有人想匆匆逃离，有人想长久地扎根。有人觉得它变得更好，也有人觉得它变得越来越糟。我不知道面对这一个扑朔迷离的难题，怎样的答案才算是完全地正确。

何勇当年在钟鼓楼的后面听着人们唠着家常的时候，也不曾预见今天的北京。在1994年魔岩三杰在香港红磡体育馆的演唱会上，何勇以一种很悲情的味道向所有人宣告：“今天的钟鼓楼和以前不一样了。”然而他口中的“今天”已经是二十二年之前。而后他还说“今后的历史将会证明这一切的”，但没有人知道这一道证明题要写到多长。

北京好像再也回不到北平，但北京始终就是北京。当潭柘寺的大妈不停地往你手里塞着香，朝阳公园某一天突然变成了约架胜地，鼓楼的MAO live house有一天也传出了要关张的消息，你会有一瞬间觉得这样的变迁有些许可笑。但之后又会质疑我这样怅然喟叹的意义，因为我知道无论它变得更好还是更坏，都不会使我们停止爱它。在这里每一次片刻的相遇都造就了一份全然的相融。这座城的意义是每一个身处其中的人亲手赋予的，我们见识了它的千般面孔，最后发现我们最爱的是一些隐藏其中的秘密，比如一条街道、一种味道、一段故事。

小时候常常见到的修鞋师傅，自打很久以前的某一天起就再也没见过，每一双废旧开口的鞋都被扔进了垃圾桶。但我还记得师傅常常备着一块毛毡子让每一个顾客安放他们无所适从的双脚。无论是换拉链，还是简单地粘接开口的部分，好像都会提着鞋去找他，纵使觉得那双鞋再也不会穿。

小时候从窗户往外望，老能看见一根烟囱冒着青烟，每次不好好吃饭就被吓唬会被烟囱吃掉，后来因为二环以内确实不适合这种污染严重的庞然大物，它就被拆了。那已经是很久以前的事了，可依旧会因为它开始怀念起那段岁月。这些渐渐远离的人、事、物，我以为都是这座城市与我所共有的秘密，它们牵连出的是更多的故事。

人们对于北京的认识有千万种，我听到过很多人对北京的评价。比如出租车司机对北京一下雨交通就彻底瘫痪的抱怨，比如外地人对北京丧失掉了温情的感叹，再比如某些游客对这个城市由衷的赞美。我曾经向往侯孝贤电影里的台北，苍翠的细雨山路、见证了你整个青春的店老板。对丽江、大理始终怀有着的想象，那里的人们拥有的逃离的勇气……这些都不会是北京该有的面貌，北京有它的精致、情怀与个性。

南方阴雨的冬天没有北方冷，我们都裹着臃肿的衣物习惯着秋凉，习惯着夏天与冬天的漫长。在这里，被 pH 值可能远低于 5.6 的瓢泼大雨淋透过，为夜空中乍现的极微小的星星惊喜过，为人们怀有的理想感动过。这里的高楼没有遮住过人们的希望，从来都隐匿着的北斗也一直在为人们指引方向。

我始终觉得北京城比起北京市，听起来要动人得多，耐人寻味得多。它当了很多人生故事的承载者与见证者，当了很多奇迹的发生地。它被赋予了很多责任与功能，我们害怕它会动脉硬化，会失去光彩。这个问题好艰难。

当地铁站台被人群填满，费劲地挤上人头攒动的车厢，会恍惚间觉得自己像是压缩罐头里面的一条沙丁鱼。列车在流水线上奔赴下一个加工点，而站台也再一次地被全新的人流所覆盖，他们在等待着下一盒罐头列车的来临。当我踏出这个庞大的加工厂的时候，抬眼看到的是街道尽头的鼓楼，夕阳中无言地伫立着。作为侥幸被保留的建筑，它默默地注视着这里。它不曾告诉过我们问题的正解，但当我登上它，眼里看到的，仍然是一座伟大的城市。

灯下的心

耿彤岩

近些日子，忽然注意到四楼天台夜间亮灯了。

印象中，四楼天台夜间是没有灯光的。上届学长学姐们离校后，这里就成了人迹罕至之地，也就被高二的我当作了秘密据点。晚自习课间一个人爬上天台，或是赞叹西边天际的余晖，或是静静地望着东边逐渐浓重的夜色和由远及近的灯火，也常常在夜幕的掩护下，躲进离天台入口最远的角落，用无力而常常走调的嗓音唱唱平时只在心中默念的歌。那段日子，我醉心于这里的安静与隔绝，竟从未注意过这天台上是否有灯光。

只是在升入高三后的某一个晚上，发现天台上亮起了灯光，顿时诧异。不知从什么时候起，天台渐渐热闹起来，许多同学在这里锻炼、闲聊，放松自己，浅黄色的光衬托着这青春活力的景象，映出梦幻的剪影。匆匆翻找回忆，却并没有回忆起关于这天台上灯光的一丝一毫——或许它之前真的不存在吧。

却是在此时惊觉，不知从何时起，自己的感官不再敏锐，意识不再机警，甚至已经怠惰到了忽视身边一切变化，对一切有趣而有意义的事物失去兴趣的地步。难道是衰老的前兆？明明年纪轻轻，活力却在衰退……这似乎不是年龄的衰老，而是心在锈蚀。

年龄的增长未必会伴随着好奇心的衰退，但人的感官最敏锐、精力最旺盛、对这个世界最有探寻欲的年龄段一定是孩童时期。他们尚是这世界初来乍到的新客，脑海中没有任何可以借鉴的经验，只得不断摸索，在父母等启蒙者们为他们搭建的世界观骨架上不断添砖加瓦，又不断地对骨架进行调整。孩童的感官又是最稚嫩、最灵敏的。他们眼中的世界不同于以后任何一个年龄段，而为了完善眼中的世界，满足好奇心，他们利用充沛的精力，以无所畏惧的精神不断探索着世界，从而获得新的认识。

而度过孩童阶段的人，世界观逐渐完善，也积累了许多可以借鉴的经验，不必事事躬行。于是，一部分人开始回避风险甚至回避探索，以求过上简单而有效率的生活。这部分人的选择有其合理性，但对一切事物认识的刻板化、处理事情解决问题的模式化也就不可避免地成为他们的通病。甚至，闭目塞听、思维僵化、排斥与自己世界观不符的事物成了更小的一部分人的日常状态，仿佛心灵的锈迹在蔓延。

曾经我也是因观念不同而被教育的一员——印象最深的几次，4 岁时人生第一次吃薄荷味口香糖，被辣得吐了出来，却被给糖的长辈教训“胡说，口香糖怎么会是辣的呢”，即使以小孩子灵敏的味觉来判断，它确实是辣的；小时候常去的活动中心贴的“禁止吸烟”的告示中“烟”写成了繁体，我坚称告示不规范，但家长以繁体字不是错别字为理由反驳了我。这些驳斥，有些我现在已经认同了，但另外一些，我至今无法认同，并私下以为这就是随着经验增长思维僵化的体现。可我又是从什么时候起也加入了这个闭目塞听、对生活不再好奇、仅凭经验度日的行列呢？

而另一些人，尤其是许多名家学者，虽然年龄不断增长，却常怀一颗孩童之心。他们对这世界依然充满好奇，即使碰壁，也不懈地用感官探寻世界的角落，对与自己观念不符的观点或现象并非先入为主地加以否定，而是换种角度对其反复思考，并吸取其合理的部分对自己的世界观加以补充。正是因为如此，他们能够突破年龄的限制不断地成长、进步，也更易接受新生事物、包容与自己不同的观念，而这突破正是那些闭目塞听的心灵生锈者很难达到的。唯有脱胎换骨地“除锈”，抛弃僵化的思维方式，更加细致地对待生活，才能突破这一层厚障壁。

天台上的灯光照亮了心上的斑斑锈迹。现在，是时候为它除除锈了。

祭皇帝陵有感

梅云鹤

三皇五帝是华夏民族的开端，我们的始祖黄帝轩辕的部落在陕西一带生息，而黄帝归西之后也葬在陕西，理所当然的，陕西成为我们“根”之所在。

可以说我的神圣感是在黄帝陵的祭拜仪式中忽然产生的。在原先，过于理性的思维告诉我，人这种动物不过是由猴子演变而来的，我们仍然只是大自然中一个普通的组成部分，世界各地，别无二致，因为我们都是人类。然而这次祭拜，却唤醒了我心中沉睡已久的“民族意识”，我以自己身为华夏民族的一员而自豪，因自己的民族至今繁荣昌盛而自豪！

有些人认为，民族思想是激进的，是建立在征服其他民族基础之上的，单就我看来，这点不能算十分准确。历史上，民族思想似乎是封闭、自傲的代名词，无论是欧洲的蕞尔小国还是我们的泱泱中华，大都是自负的，但这不能完全归咎于民族思想。反观民族主义，这里不单指狭义的人种学上的民族，那可以归为一个弊大于利的反面因素，而是指以有文化认同感的，思想意识归根为一点为标准的民族思想。这种思想，是一个国家能否团结发展走向强大的根本条件。

在全球化趋势强劲的今天，民族认同感尤为重要。现在比战争还要可怕的就是文化上的入侵，毫不避讳地说，日本在这个方面是领先的。日本以自己的文化为基础，不断吸收外来文化营养，最终形成了自己的文化影响力，且在世界范围内广为传播。最关键的是，日本国民的强烈民族自豪感几乎赋予了这个国家永久的生命力。日本人相信大和民族是世界上最伟大的民族，虽然在外人看起来略有激进，但其的确将日本一亿国人凝聚在了一起。这个强大的民族国家，虽然在20世纪遭受到了毁灭性的打击，而今天却是世界性强国，这是因为这种民族思想给日本的发展带来了澎湃的动力。

反观中国，近年来的确发展迅速，这在发展中国家阵营中是屈指可数的，不过总是有人指出，中国是一个缺乏信仰的国家，引申义即中国缺乏凝聚力，中国的长期可持续性发展是堪忧的。这确实是劣势，我们不像美国等资本主义国家一样，大家有着共同的资本诉求，社会主义国家在资本主义国家极度敌视的氛围下，本身连存在都是困难的，中国能抵挡住20世纪90年代的社会主义阵营崩塌无疑是个奇迹。社会主义国家建国之始，大都打倒了原有的上层阶级，而下层群众原来的共同目标也就随之消失了，如何重新组织起人民群众加快恢复生产，是所有通过暴力革命上台的社会主义政府面临的共同问题。于是，权力高度集中的政府形式诞生了，而此时另一条亘古不变的真理：绝对的权力使政府逐渐脱离人民群众，人民对新的社会制度丧失信心。

新世纪的中国，奉行温和、理性、开放的民族主义，适合中国和平崛起之需。实践证明，这种新型民族主义思想正是一条有效的途径。现在来看，如何理性地应用这种思想，不极端、不狂热、不狭隘，让我们的民族走得更远、变得更强，才是我们更应该思考的问题。

叙事性散文

故乡

我想要的岁月静好

吕雅伦

岁月静好这样的句子，在网上很是流行。

“趁阳光正好，趁微风不噪。”

嗯，这样的句子美是美，可惜已经烂大街了。不知道有多少人在说自己向往岁月静好。原本的文艺中已然透着一股俗气。

可我不得不说，这烂大街的句子，我却还没嫌弃，仍然喜欢着。

因为每次读到这样的字句，脑海里总能浮现出种种我向往的画面。

画面里，岁月静好。

记得中考前，每周末都奔波着去上各种补习班。那阵子，也曾在一个家教老师那里学习，就在三帆旁边的那个小区里。那天我正听着老师讲高中难度的英文阅读，突然被对面窗子里的一对老夫妻吸引了。也许是我那时视力太好，角度又刚好完美，我恰好能透过老师家的窗子看到对面人家的窗口。他们正擦着窗户，在那样一个宁静又祥和的上午。一开始是老奶奶在擦，过了一会儿，又换了老爷爷。又过一会儿，又换回来……他们动作不紧不慢，好像并不是因为窗子太脏而想要快点打扫干净，而更像是……很享受这个打扫的过程。擦干净了玻璃，他们又开始收拾起窗台来。老旧的房子装着老旧的防盗栅栏，不是现在那种不锈钢的，而是……说不出来那是什么材质，但是就像我小时候姥姥家的防盗窗那样，粗糙的，简单的，生锈的，有回忆气息的。窗户到栅栏中间，便是位于屋外的窗台，一般人们都会在那里放些杂物，也有养猫养鸽子的。他们的窗台也堆放了很多杂物。于是他们又开始忙碌，把这些杂物摆放整齐，又用鸡毛掸子掸去上面的灰尘。也许这些杂物不管放多久都不会有人用了吧。那都是些陈旧的杂物，看上去已经没用了，仅仅是被人们遗忘在记忆角落的老物件。可是，这对老夫妻还是要认真地掸去灰尘，让它们安安静静稳稳沉沉地，躺在窗台上。即使是杂物，也乱而有章了。这整个过程，他们似乎不曾交流，只是各自做着各自的事情，然后交换位置，片刻休息，但却那么默契，说不清的默契。各自打扫各自整理，在交递抹布的一刹那一个眼神交汇，就足够了。

我看不清楚他们的脸，但是，他们脸上的表情，一定是很幸福的吧？已入暮年，鬓发斑白，却还是要腾出整整一个上午的光景，和你一起整理窗台，擦拭窗户；整理好那些凌乱堆砌的青春，擦干净曾经斑驳视线的记忆。向来觉得收拾屋子是一件很麻烦的事情，但是在这一刻，在他们身上，我第一次发现最琐碎的日常竟也焕发出别样的光彩。原来最幸福的事情便是，睁开眼睛，我们还能彼此陪伴，那老腰老腿还灵活着能动，还能爬上爬下擦玻璃，那一双日趋浑浊的眼眸，还能为这样清亮别致的一个上午而熠熠生辉。

在他们不疾不徐的忙碌打扫中，一整个上午，便也不知疲倦地度过。

嗯，其实，时光潺潺，还未曾老去。

——这大概就是岁月静好了吧。

其实这个画面已经停留我脑海里好几年了，初中时就很想把它写下来，可是一直不知道该怎么写，似乎这样平凡的老夫妇与平常的日子，不足以撑起一篇文章。可时间越久，这个画面就越清晰越深刻。我只能把它称为岁月静好，可我想该有更诗意的句子来与它相匹。

又忆起前些天，我去电阅自习，选了一个面对窗子的座位。

写题写累了的时候，抬眼望向窗外，突然看见一个女孩，正在帮她的狗狗捋毛儿。狗狗站在一个高一些的墩子上，让女孩可以不用弯腰就能够到它。我看得出神，暗想帮自己的狗狗捋毛儿该是一件很幸福的事吧——可惜我不养这样一只毛茸茸肉乎乎的狗狗。下午浅浅的阳光与微暖的空气，和眼前这一幅画面刚好地交融着，让人不自觉地感到心安。生命，也可以以这样一种从容不迫的方式安然进行着。

期中考试时，第二天复习的时候，我去了学校天台的小花园。

在初夏傍晚的太阳与云彩下面，我复习着第三天要考的地理。身边的麻雀叽叽喳喳叫个不停，清脆，好听。有时候抬起头歇一歇我疼痛的颈椎，便看到那些麻雀在天台的台沿上蹦蹦跳跳地追跑打闹。还有时跑时跳的喜鹊，嗯，它们的运动方式比麻雀更丰富呢。在我低头看书时，耳畔突然呼啸而过一只小麻雀，离我也就几厘米的距离飞了过去，倒把我吓得一惊。但是这只不怕人的麻雀，却让我突然觉得美好。有时候就是那么一瞬间，觉得这个世界没有想象中的那么坏。

像是有很多地方，仅仅是看着就让人觉得岁月静好。比如街边的宠物店，让人觉得店主一定是一个既有爱心又温柔的姐姐（嗯，就是很自然地觉得店主应该是女生不是男生）。比如小时候的姥姥家，那个小区里没有什么高楼，最高的楼仅仅是六层的板楼。而且还有很多是只有一层的那种房子，却又不算破旧，因此不能算作平房。那个小区里的生活似乎很安详，附近有超市、有剧院、有文体活动中心、有许多的饭馆，当然，还有很多的宠物店，可能是因为这里真的有太多人家都养狗狗——麻雀虽小五脏俱全呢。即使是现在再回去，那里还是没变过一样。饭馆可能由东北菜变了川菜，街角的报亭可能不见了，但是宠物店倒是多增了好几家，幼儿园放学荡过的秋千和玩过家家被当作我的小城堡的那个亭子都还在。

真的很向往那种安静祥和的生活，普普通通却总能挤出幸福感的日子。那种日子的触感，就像是抚摸着柔软的毛绒熊；那种日子的味道，就像透着奶香的茶。

诚实讲，现在的日子过得并不很舒心。压力真的很大。于是会莫名其妙地想起，以往那些安静的日子。记得小时候坐在秋千上一荡就是一个下午的日子；记得和好朋友一起谋划着写一部长篇小说的日子；记得能和爸爸妈妈拉着手逛超市的日子；记得踏着彩虹色的落霞回到家，吃完了学校的烤鸡翅还能再吃到爸爸买回来的三文鱼的日子；记得用一个暑假练钢琴和写歌的日子；记得风筝线牵着的那些悠长安静的日子。

“岁月静好”需要缓缓流淌的岁月，要不得面对惊心动魄的次次大考的激流勇进。也许我人生经历的最大的压力也就在高中这几年了吧。

又想起复习考试的那些天，那只从我耳边飞过吓得我一怔的麻雀。它可以欢快地在天台的小花园里跳跃，做着时光永远这样流淌的梦；也可以呼啸而过，听初夏第一缕暖风的声音。嗯，飞起来的感受终究是不安定的，离开暖暖的小巢，要时时刻刻担心自己会不会坠落，没那么多时间去做梦，去幻想——即使是对一个把做梦和幻想视作精神动力与生命归宿的人。

歇一歇，快要成了一种奢望。

但是，生活仍有我面对窗外抱着狗狗捋毛儿的女孩时的那份幸福，仍有我感受到麻雀从身边飞过掀起一阵风时的那份动容。

我想，无论以何种方式生活，那颗面对波澜起伏依旧笃定、依旧细腻温柔的内心，也许才是“岁月静好”一词的真正来源。

后来我写下这样的话：

小麻雀：

我希望你能迎接狂风，飞得尽兴，也安然降落。

请你飞向你向往的远方，并带着我想要的那份岁月静好。

北京印象

杨家祺

我在北京长大，今年十七岁。除去在国外的一段时间，在北京住了十五年半，也是一段不短的时间了。不过我还没有资格去评价这座城市，因为我对她知道得太少。我能做的，只有写写她给我留下的印象以及那些与我的回忆交织在一起的永生不忘的画面。

那是北京的春天，小学校园里杨絮四散飞舞。中午课间，我和最要好的朋友坐在操场的草坪上，看着阳光下杨树青绿的叶子，看着白净毛茸茸的杨絮在一缕缕温暖的光线间徘徊游荡。飞着飞着，一些杨絮便飞出了校园。我已经六年级了，很快也会像那些杨絮一样去远行。在离开前，我会把所有的童年回忆留在这杨絮纷飞的校园里，留在杨树拥抱着的操场上。上中学后，每当弹起童年练过的钢琴曲时，我都会想起一些洁白会飞的杨絮在明亮的天空中绽放。

那是北京的冬天。一天放学，我背着书包向家走去。路上碰到了我幼时的伙伴。“我带你去看一个东西，特别美。”说着她停下脚步朝左边指去。是什么嘛，就是一个小区的供水塔，灰灰瘦瘦地站在那里。“怎么了？”我问。她说：“你不觉得它像傣族的竹楼么？夕阳下多美呀！”我听完笑出了声，佩服她有当诗人的潜质。现在的北京或许就是这样，真正的京味风景离人们越来越远，人们大多住在高楼小区里，对北京的感觉越来越麻木。而北京本身也随着现代化发展丧失了许多自己的特色。所以冬天的北京留给我的只是一个供水塔。然而，热爱生活的朋友将它渲染一番后，夕阳中的“竹楼”还是常常感动着我。

不过，真正的京味风景仍是有的，只要你肯骑车经积水潭到后海去。我初三那年，母亲不在家，父亲为了给我换换心情，有几次陪我骑车去了后海。到了那里我才发现，在一个北京城里竟然有两种迥然不同的风景。在后海这里，房子没有超过两层的，住宅区全是小小的四合院。里面有宽宽的马路，也有窄到只许一人经过的小巷。那一次是下午四点，整个世界安静得要命。阳光在老黄狗身上缓缓移动着。我骑车左拐右拐，发现竟然还有郭沫若故居，便走了进去。从里面陈列的诸多书法手迹中我记住了这么几行字：

凡事不怕难，
临事亦须惧。
不作浮夸家，
两脚踏实地。

没想到宁静的四合院里，竟藏着这样勇敢坚定的心。不过，这样的踏实之感倒确实是四合院传递给我的。或许正是这样安宁平和的北京，才孕育出那些踏实却又积极进取的伟大心灵。

每次从后海回家前，父亲会给我买一个驴打滚，热的，甜甜的，吃了路上骑车也有力气。他还会买一袋牛肉，哪家餐厅买我不记得了，但那餐厅门口总排队。有时他还会买一点菜，新鲜的，很便宜。像老舍先生说的，带着泥点子。就这样，后海的那一小片老北京，带着郭沫若的文字，带着父亲的爱，住在了我的记忆里。

北京就是这样，现代与古老在她的领地里共存，她对此处之泰然。虽然她的名字由北平变成了北京，但她平和包容的性格并没有变。对于我来说，她温和地养育了我，容我在她的世界里自由探索。而她则用她的景、她的精神吸引我最真挚的情感，酝酿出我脑海中最美的回忆。

我的老师

梅雪蕊

我不知道他能不能算是我的老师。

我从没见过他，甚至连他的真正姓名也不知道。我只是能管他叫昂放，因为他的书上印的是这个笔名，网上也只能搜到这个笔名。

最初认识他，是两年前看到他写的书《夏布埃尔的薰衣草》。这本书是我在去往加拿大之前的航站楼买的，封面上印着一句话："世界比我们想象的惨烈，也比我们想象的温馨、单纯。"当时就是被这句话抓住了目光，机缘巧合地买了下来准备在漫长的飞行路途中看。

那是一种全然独特的写作方式。没怎么计较中文的语法，或者说根本就没遵循任何一种语法，昂放的文字像是照片也像是电影，充满画面感，同时有一种字面下的激烈。后来在豆瓣上看这本书的评论，有人非常喜欢，有人嫌弃抱怨。

书的作者介绍大概是这样写的：

"昂放，加拿大华人作家、摄影家。旅居加拿大、美国、法国。大学时即开始记者生涯，从事过报纸、广播、电视。四面八方的生活。之后，决定远行。不断远行。摄影，写作，自由。"

那本书其实是一个个短篇故事，是昂放在加拿大远行的时候遇到的人、事被记录下来而成的故事或者小说。在酒吧街遇到的蔻丹、在盐水镇遇到的若黛尔和伊娃、玻璃街的杰西卡……每个故事都鲜活动人、情感炽烈。我最喜欢读的便是这种写形形色色的人的小故事。

我当时试着在网上搜索他，虽然没搜到照片或别的什么资料，但搜到了他的博客。里面有几篇他的文章，还有关于《夏布埃尔的薰衣草》

的介绍。于是我尝试着第一次给他留言。

在那篇介绍下面，我像写信一样留言了近五百字。我清楚地记得，那时我从加拿大回来没多久，那天是二〇一二年八月二十三号，大概晚上六点左右。

我告诉他虽然我还没读完，但我很喜欢他的这本书，告诉他看书的时候我也正好在加拿大，告诉他我在温哥华住了不长的一段时间，去了落基山和维多利亚岛，并且感觉加拿大很美。

我在那条留言之后并没有持续很多关注，但还在继续看他的那本书。随着一点点看得更多，我发现除去语言外，更吸引我的其实是那样一种随性的生活方式。

书里的昂放背着一台哈苏相机，开一辆吉普车，在不属于自己的陌生国家旅居、行走、拍照、记录。我当时很是向往这样的生活。随便去一个地方，住一段时间，与那里的人聊天，了解当地的生活和别人的故事，什么时候想走了就离开，再住到下一个什么地方去。

我那时是如此向往长大以后能过这样的生活，这简直成了我当时关于未来的梦想。虽然现在再想起来觉得这未免有些太幼稚、太天真、太没追求，但这至少是我在那个年纪那个阅历下最真实的愿望。

每天想着这个愿望，偶然从朋友那里听说昂放快要出新书了，时隔两个多月，我又一次上了他的博客。

出乎我的意料，在我第一次留言的当天晚上，他就给我回复了。他说谢谢我喜欢他的书，说他现在在蒙特利尔，秋天快要开始了。

我看到回复瞬间感觉喜出望外。这实是我第一次离一位作家这么近。虽然他的回复只有二三十字，我却已经很满足。我又一次给他留言，大约有二百多字，告诉他北京此时的冬天很冷，告诉他他的书和他的文字让我对以后的生活有了一种新的憧憬，告诉他我以后也想像他一样，过这样一种像流浪一样随性而幸福的生活，告诉他：谢谢你，给了我一个梦想和一个心中的追求。

那时候我一心以为自己长大后是必然要努力像昂放一样这样自由随性地生活的，但每天在学业中挣扎奋斗又觉得所学所做与自己的梦想太遥远、又觉得长大后的现实也许不会允许我这样做。

在纠结与迷茫中，我选择同他倾诉，他也总耐心回复。我依旧给他留言，却不着急看回复，只安心于平常的生活，努力学习，闲暇时就看他的新书，看他开车走在《66 号公路》、看他用那台哈苏拍下的光怪陆离的图片。偶尔又感到对未来迷茫无措就再上博客，看他上次的回复，再给他留言，讲我的困惑，偶尔也谈两句平常的学习。

我告诉他，我看了他的新书，感觉很好，他说“很高兴你喜欢”，这对我来说非常重要。我告诉他我在尝试着写点东西，他说很高兴你开始写作，要听自己心里的声音，也要让世界听到。我告诉他我苦恼于以后将面对的现实和梦想的矛盾，他特意写给我“远方、流浪、幸福、梦想。无论什么。相信你所相信的，并且永远相信它。”——我于心绪低落时看到，热泪便盈眶，心底漫起淡淡的感动——也许是因为偶像的力量吗，看到自己喜欢的作家特意给自己的安慰，只觉温暖而熨帖。

这样持续了近一年，每隔几个月我们才会彼此问候一番，虽然一共也才不过几次，每次他的回复也不过几十个字，我却总是很感动。

那次，又遇到质疑，以致我自己都对自己的向往、对自己的无可预知的未来开始怀疑和动摇，感到自己每一天都在离梦想越来越远，感到经常忘了自己的初衷和自己真正想要的，甚至连梦想都模糊不清，我开始不确定当时的向往是否真的能支撑我走下去，还是只是一时冲动的产物；我开始怀疑最初的目标是不是不适合我，而之前信心满满的坚定不移都隐在了雾里再也找不到。我困顿时给他写“我不知道该怎么走下去”。

他这次回了一段长一点的话。其中说，“每个人都要找到自己信靠的东西，于我，是文字、影像、远行。于你，我不知道。但，无论如何，要找到这个东西，你就会勇敢，坚定。”

我想这时我才终于明白，自己之所以总迷惑不安，可能就是因为没有找到自己真正信靠的东西。而许久之前自以为的流浪远行和自由，其实是昂放的生命与灿烂，却并不是能让我勇敢坚定的东西。终于可以大胆承认，自己之前的路有了偏差，之前的方向太过固执，幸好他帮我，及时拨正。

这一年里我一直在学习的间隙努力寻找自己信靠的东西。现在我有了新的梦想，我不确定这是不是就是那条对的路，但我不再茫然无措，因为昂放告诉过我，时间会帮我选择，而真正找到了对的路后，就会勇敢，坚定。

时隔一年，我又上了他的博客，看到他就要出新书了——《巴黎腔调》。想起一年前他告诉我他正在写新书，有了消息会告诉我。

一年没联系了，我现在很想给他留言，告诉他我很期待这本新书，告诉他我被命运安排着学了文科以后会有更多机会写点东西、会“让世界听到我的声音”，告诉他我在新学校也找到了新的路，也许这就是那个我真正信靠的东西。

而最重要的是，告诉他我多么感谢他。他是我的偶像，是我喜欢的作家，更是我的朋友、我的老师。在我担心迷惘却无人诉说的时候，他静静听我的难过失落，他默默安慰给我鼓励。他如此关心这样一个陌生又麻烦的女孩，当她徘徊不定时举起灯给她照出通往前方的路，在她的成长路上耐心陪伴。

我仍不知道他的真正姓名，也不知道他长什么样子。

我想象中他穿黑色T恤和牛仔长裤，正双手托着那台哈苏，在荒漠中的加油站旁边，照墙壁上的涂鸦和背景中的枯树、黄沙。

其实那又有什么关系。

昂放就是昂放，是那个洒脱随性的作家，是那个才华横溢的摄影师，是我成长路上的精神陪伴，也是我的温和的心灵导师。

钟铃为何而鸣

邱　祺

暑假里，我们来到了普陀山。观音菩萨屹立在山顶，面向南方。不远千里，我们来瞻仰她的尊容。一条石子路拨开繁茂的树林，伸向山顶。我们满怀着期待，一步步地向前。走着走着，一阵好听的钟铃声吸引了我的注意力。定神观瞧，一队身着朴素灰色上衣的人们稳步走在石子路上。

他们是朝山的信徒，跟着钟铃声，三步一叩拜，要从山脚一直拜到山顶。曾经听说过朝圣者的故事，此时此刻我不禁屏息凝神，注视着他们。

钟铃如约而响。他们一刻也不曾移开目光，只是静默着，朝着观音菩萨的方向深深地弯下腰去，跪倒在长长的石子路上。四周一片沉寂，两旁的枝叶也飘动起来，落在他们的膝前、身边。又是一声钟铃。他们俯身顶礼，五体投地将身子紧紧地、紧紧地贴在朝拜路上。他们仿佛是从世间的某个角落挣脱出来，蹒跚到这里。生命脆薄的杯儿，仿佛被某种力量不断地倒空，又不断地注满新的生命。他们消融在茫茫之中，只留下一片秋天似的微云，向着大山深处的那一处追去。那是他们心中的光，是永恒，是希冀。

钟铃又响起来了，仿佛一声长长的呼吸，先是从似近似远处微弱地飘来，继而变得清晰，似是那初升的太阳，在接天的肃穆苍穹下，恰才漾开绛红的笑脸，越过沉睡的海，准备唤起匍匐的人们。缓缓地，他们抬起了头，双手合十，合起一种颤抖着的热切与虔诚的情感，再次伏身下拜，一拜——两拜——三拜。

我轻轻地向着队伍领头走去，像捧着一个脆弱的梦一般小心翼翼，生怕一不小心就会打破这梦一般的朝圣气氛。

领头的是一位僧人，身着金灿灿的袈裟，庄严地带领着朝山的队伍，双手合十在胸前，向前走三步，然后俯身下拜。他宽大的袈裟散垂开来，一如那钟铃，任生命中一切凝涩与矛盾都融化成一片寂静的谐音。那钟铃声里，依稀传来婉转低回的梵音，吟唱着层层叠叠的从远古而来的梵呗……

我痴痴地驻足在原地，凝望朝圣的人群。爸爸拉了拉我，我这才回过神来。

我们游览了普陀山的很多地方，最后才来到了山顶。踏上山台的最后一级台阶，一阵熟悉的钟铃声又飘入了耳朵，把我的灵魂拉往了前方。

面前，巨大的汉白玉观音菩萨，目光安详，微笑慈悲。不远处，朝拜的队伍刚刚也到达了山顶，伴随着绵绵不绝的钟铃声。接下来的一幕，让我永生难忘。

人群突然爆发出了哭声。那哭声穿透云霄，蔓延在朝圣者中间。他们大声地痛哭着，将自己的生命和灵魂倾注在这一片净土。那不是悲恸，那是满心的谦卑与受到接纳后的欣悦，仿佛堵塞的泉流刹那喷涌而出，汇成江河，奔向了大海，奔向了云霄。这海的彼岸是他们的故土。他们本是流落街头的浪子，此刻挣脱了羁绊，像思怀故渊的池鱼，像心恋旧林的羁鸟，奋不顾身地跪倒在信念的脚下，泪水奔涌而出。

这一刻，已有东方的旭日在千万颗期待的心中升起；这一刻，钟铃依然，庄严地献上它再一次的敬拜，从天际传到地极。我再也抑制不住心灵的震颤，久久地、尽情地、热泪盈眶地亲吻着钟铃的余音。朦胧中，钟铃为生命而鸣。

长安雾，悟长安

刘丙璋

雾气弥漫，浓得化不开，让天地没了界限。这里是长安还是西安？6天来的所见所思，在胸中激荡。

石像和工匠

我站在大雁塔上，看着浓浓的雾笼罩了整个城市，划不清古今界限，分不清远近区别。“世间人渺小如蝼蚁，唯有佛祖开化众人。”同游者姜惠雯感叹道。何为渺小？在佛面前，有区别吗？在历史面前，有区别吗？

当年要为始皇帝守卫地下帝国的八千御林军，时至今日不过是一批制作精美的陶俑；当年开创了“文景之治”的汉景帝，时至今日不过是埋在夕阳染红的陵墓之中；当年独步天下的武则天，时至今日只不过是留下一座空白的无字碑任人评说。

骊山陵，汉阳陵，乾陵，若没有特殊标识，我真的不敢想象那下面沉睡着三个伟大的帝王。我怀着一份肃穆的心情而来。油然而生的尊敬让我的脚步放得很轻很轻，生怕蹚起半点历史的尘埃。平整的司马道两旁肃立着整齐的石像。他们有的低眉顺眼，有的怒目瞋视，神态各异地注视着往来的游客。日复一日，石像们平静地注视着一张张陌生的面孔不断地出现在司马道上。千百年来，石像守卫着帝国的尊荣与威严。它们没有生命，但经过千年的积淀，仿佛也被历史赋予了灵性。不然，它们为何不惧风刀霜剑，一定要屹立守护皇陵到今呢？

石像看到的是人间的熙熙攘攘，见证了一个个王朝的兴衰成败。当一切归于平静之时，它们却用千年的守候向我诉说着跌宕百转的历史。

历史是没有尽头的，我们在创造历史时又在不断遗忘历史。当我们连同我们所创造的一切随着时间而消亡殆尽时，那些默默无言的石像们显得无比伟大和坚强。

从一件件斑驳的青铜器，到陕西博物馆里的青瓷白瓷，再到兵马俑博物馆中展示的驯马术，无处不体现着古人的智慧与勤劳。千百年来，出自能工巧匠之手的每一件珍品，都蕴含着无法用言语表达的感慨。走过被灯光照得晶莹剔透的展厅，我喜欢在每一件展品前面静静凝望，透过它们看到历史那一端伟大却渺小的人们。他们的渺小，在于经过历史的淘洗，已经无人问津；他们的伟大，在于一件件器物背后潜藏的美丽和感动。

犹记得，初见“飞龙”时的惊叹。不同于一般的龙饰，它是那么飘逸灵动：龙头高高地昂起，龙须飞舞于空中，前爪紧紧扣住地面，身子呈“S”型好似飞龙御天后高傲地着陆，在灯光的照射下金黄色的龙身熠熠生辉。精美的艺术品立刻吸引了我，久久无法移开目光。没人知晓到底是谁铸造了这只活灵活现的飞龙，大概也没有人愿意去探究。但是，单凭一只飞龙，它的作者已驻足于历史之中，接受后人的敬仰。

作为今天的高中生，我由衷敬佩古代的能工巧匠们。一个人，要在天地间自信地舒展开身体才能称为“大”。他们就是一群自信自立的人，一群创造美丽与感动的人。这样的人，虽渺小亦伟大！

梦回五丈原

雾，依旧笼得古城西安模模糊糊。朦胧一片，好像打通了古今不可逾越的鸿沟。

我仿佛来到了两军剑拔弩张的五丈原古战场。诸葛汉军苦苦求战，司马魏军踞守不出。那座不高的土台上有多少诸葛的哀叹和焦急！冷月无声，中军帐的灯火摇曳、飘晃，我的心也随着灯火一颤一颤。诸葛祭星禳灯，不求苟延残喘，只为攘奸除邪、匡扶汉室。所谓“两朝开济”和“鞠躬尽瘁”便是最好的诠释了。

“十二年，很短，不算贪心，但足够诸葛亮完成大志了。”我想着却不敢进帐，也不想进帐，怕冲撞七星宝灯，怕见到诸葛苍老的脸。站在帐外，寂静的夜伴我不发一言，我看着灯火把晃动的人影映在帐壁上，昏暗而凄哀。时间一分一秒地流逝着，命星昏暗，甚至虚弱得一闪一闪，我期盼着它快快亮起来。但就在最后一刻，祭星完成的最后一刻，魏延冲入了中军帐，一阵冰冷的风蹿入了帐中，七星灯灭了。“灭了，怎么……”我的心凉凉的，仰头看去，漆黑的夜空上突然划过一颗流星，闪烁着红光点亮了夜空，落在地上三起三落，仿佛有说不出的悲哀和凄婉，不忍带诸葛离去。就在流星落在地上失去光彩时，帐中传出了轻轻的一声叹。我闭目无言，不忍再看。

再度睁开眼，还是在大雁塔上，身边还是胖胖的姜惠雯，她双手合十，面朝东南，闭目肃立着，半晌，喃喃自语：“虔诚，虔诚，虔诚，大澄大澈，佛心本仁，万象皆空。”

是啊，色与空，空与色何必纠缠。诸葛忠义，冠绝古今，名彻千古。伐魏的遗憾从来不意味着失败，反倒为他增添了几分壮志未酬的悲情。诸葛亮面对天命难违的无力，是世人共有的渺小与脆弱，但是，他的忠义无双，他与命运抗争的精神足够伟大！伟大得千年后依旧有人把他的一举一动铭刻于心！

从坟茔到黄帝陵

雾似乎淡了，远处的高楼慢慢显出模糊的轮廓，庙前的树被淡雾笼出青绿的颜色。静静的古城显出一派仙境的景象。燕子们绕塔盘桓，当它们逗弄着塔尖的铜铃时，古塔仿佛增添了些许灵动的气息。看得出来，大雁塔是燕子们的乐园和乐土。而渺小的我们何尝不因为固守自己深爱的土地而伟大呢？原来，每一个生命都因“恋家和溯源”这两个原始的、灵魂深处的冲动变得伟大！

火车在平坦的原野上飞驰。车内是同学们的嬉笑声，车外是一望无际的田野。放眼望去，初夏刚刚播种的玉米叶给田野染上些许鲜嫩的颜色。一群苍老的、沉默的、凄哀的坟茔伫立在苍茫之中。它们有的只是荒草萋萋的土堆，有的是素净的墓碑，有的是被假花装饰的墓冢。一座紧挨着一座，像排列整齐的列兵守护在田地的尽头，保护身后的田地不受火车的侵袭。地下的亡魂属于辛勤劳动了一辈子的农民，他们生在田间，长在田间，死后依旧葬在田间。

他们为何会葬在这里？难道为了迁就风水学说？难道惧怕地价昂贵？不是，原因绝不止于此。我相信，他们爱褐黄松软的土地，他们的灵魂属于土地。一望无际的原野，于我们是“面朝黄土，背朝天”的劳苦，于他们是一辈子朝夕相伴、共度风雨的脉脉温情。也许对单纯和勤劳的他们，或者对世世代代习惯于男耕女织的每一个中国人，田间的劳作早已融入骨髓和血液中了。我们也许从未到过田间地头，但灵魂中某一个角落依旧有着对土地的热爱和依恋。我们要感谢永远陪伴着土地的人们，因为守住了古朴的田园，就守住了我们灵魂的归宿。如果说“江山仍在，人难依旧”是历史的必然，那么，守在田间的灵魂就是彰显了直面历史的勇气。

轩辕庙普通的两座碑，青黑的颜色，石材本色的文字，分别由香港、澳门所立，作为两地回归的纪念。香港和澳门离开祖国一百多年，被列强粗暴地割断了与祖国的联系，多少游子在不能归葬故土的遗憾中默默逝去。然而他们却没有忘记自己的祖先和自己的根，用一种极其朴素的方式告慰黄帝：“我们永远是炎黄子孙！”

记得轩辕黄帝陵前，我们诵读祭文时的情形。古柏的浓荫下，每个人都庄严肃立，“以传万世之精力，开数千载华夏之繁兴。虽坎坷而不移，历蹉跎而康胜。虎门以降，国运不昌，强邻蔑德，侵我家邦。幸华夏儿女，力排艰险，保族护疆。使金瓯无缺，光华复旦。而今盛世，再续华章……”我们的心从未那样铿锵有力地跳动过。自信和骄傲伴随着强烈的归属感在心中升腾，化作长长的“根”扎在轩辕陵旁。那时，我们每一次有力的心跳，同学间每一次默契的对视无不证明着：脆弱渺小的我们无比紧密地联系在一起。

因为同是黑头发黑眼睛的人，我们有着共同的感应；因为有同样的语言，我们分享着同样的归属感；因为有同一个初祖，每个人灵魂深处的悸动都是可以被察觉和被理解的共同情感。

回过神来，我还置身于大雁塔上。雾气虽然依旧笼罩着西安城，但我的眼前却澄澈了许多。

听听那冷雨

王天翼

我一直以为，晴空万里、碧天如洗固然是令人心旷神怡的，可雨雪天气也一样能带来好心情，甚至更加可喜，因为冷空气使人清醒。特别是热气袭日、“风老莺雏”的日子里，一阵冷雨，可以让人饱吸两肺带点寒意的空气，换来一个运转依旧灵动的大脑。要是再有一条如二附“桐荫绿廊”般诗意的小路，让你一边走一边听着雨打叶片的声音，便更加令人欣喜！在水珠的映衬下，绿叶显得愈加苍翠如滴，还有石头上滑落水珠，一个场景，沉静与灵动，粗糙与柔和，不消看，只需静听那声声水响，便是莫大享受。

冷雨带给我们的，并不只有心灵的宁静，还有很多或许是巧合的信息。今天高三成人礼，燕儿姐说：“也真神了！咱们就能做到年年成人礼年年下雨！——你看！去年成人礼就下雨，今年也下雨。”我好奇地问了句：“那前年也下了？”“嗯，也下了！”

我闭上眼睛仔细在记忆中搜索：嗯！没错！前年，去年，都是成人礼那天下雨了！而且，这两场雨，还都有一段回忆与之相伴。

去年高三成人礼那天，我打着伞来学校，和雅伦一起做通技课的台灯。那件作品名叫《致橡树》——没错，就是那首诗。木棉和橡树是涂了颜料的 PVC 管，再把刷成棕色的报纸粘上去，一层，再一层，最后，把红绿两色的皱纹纸或剪成树叶，或揉成花团做了点缀。外观设计好了，再剪线，拧接口……整整干了一上午，走的时候，雨还没有停。

现在，这件作品就躺在我柜子里。我有收藏旧物的习惯，因此它倒不至于被扔掉，可最终也只是躺在角落落灰罢了，大概再不会在我生命中占据什么特别的地位。但不管怎么说，台灯做成时我激动过，在一拉开关，两盏灯同时亮起柔黄的灯光时，我激动过，这就够了。

我们总是期待一件物，一件事，一种情感，能够见证永恒。永恒当然是最好的，但它太难以企及了。一件物，一件事，一种情感，能够在哪怕一刻让我们有所触动，不是已经很好了吗？

我又想起了前年高三的成人礼，那时我还上初三。记得那次雨从周五就开始下，淅淅沥沥下了一整个周末。周五下午的大课是化学课，荣 sir 的课。他是一个曾在二附贴吧与杰哥和杰叔一同被 2008 届学长并称为“二附三杰”的人，留下过不少“经典语录”。在初三最紧张的时候，他反复抱怨课时太少，但又无数次摇摇头说：“孩子们，你们怎么这么困啊？这样，你们趴五分钟吧……”那天大课课间，班里有人在补觉，有人在抓紧时间赶作业，荣 sir 望望窗外的大雨，又摇摇头，对我们说：“孩子们，你们都下楼走走吧！”

撑起伞，跑下楼。三帆小花园刚刚重建好，排水设施尚不完善，加上雨势急，一会儿就积了很多水，鞋里全湿了，那也不在乎，打着伞拍了很多照片。那时我们发现，雨中的叶子真的很美。

雨滴落地，润物细无声。荣 sir 也一样，他如今依然深刻地影响着我，而且更多地体现在化学之外。比如现在我耳边回响起他的那句语速极快的“解释就是掩饰掩饰就是事实事实就是有故事故事就是这个样子的！”再比如他无数次告诉我们：“要想听好课，你首先得眼睛看着我，盯住我，跟我有眼神上的交流，我提个问题你得马上把话接上，得张嘴说。”我至今依然铭记在心。

冷雨就是这样下着，和当年的那场冷雨没什么两样，可这中间，又隔了多少回忆呢？

我一直觉得，初中三年，我过得最顺的一年，是初二，因为各种荣誉、成果纷纷排队报到；而我最珍视的一年，恰恰是初三。

或许，恰恰到了一切复杂活动消失，所有人都为了一个目标而努力，过着日复一日简单的生活时，生活的美好方被展现到极致。

初三时，我的成绩突然起伏不定，有段时间一直在直线下滑。当时同学们都喜欢往书桌上贴东西，贴些励志格言什么的。一天，我偶然读到王维的《老将行》：“……莫嫌旧日云中守，犹堪一战取功勋。”这首诗与当时我遭受挫折的心境完全契合，于是我创造了一个奇迹，一个让我至今都相信情感在记忆中起决定性作用的奇迹：

我死死盯着这首诗，盯着它看到胸中翻涌无限事。然后直接把它背了出来，一首长诗就像印在脑子里一样。

我把它剪下来，第二天贴在课桌上。

这是专属于初三的情感。

中考前，宋妈总在我们班念叨：“六班姜惠雯，我的得意弟子啊！一有空就找到我来问文言文。”嗯！宋妈此言不虚。

和刘宇轩相识已经很早，我在三色帆电视台播的第一条新闻，就是他写的。冬令营的时候我们一起听周云小天使的课，然后打定主意来文科实验班。

梅云鹤，小学的时候就追着我喊：“王天翼！你知道‘八王之乱’是哪八王吗？你不知道我知道！哈哈！”唉！现在他自己也忘了，哈哈！

中考发准考证那天，在三帆胡同口儿，一个同学急匆匆地赶来追上我，对我说：“老班，我有个小学同学在五分，也签文实了。她叫柯瑜萱，你会见到她的！”

高一结束前，我和邱祺熬夜做班级展评，快一点钟的时候我给她发消息：“还记得初中第一次年级会吗？那次咱俩差不多也弄到这时候。”想想也足够回忆的了，我们初中时搭档过无数次各种场合的主持，现在终于看到了舞台下的她是什么样子。她的沉静与内秀一直令我深深佩服。

冷雨就这样下着，和当年那场没下来的雨一样。就是那次“初中第一次年级会”，邱祺写的开场第一句是“温柔的秋风卷起满园落叶，更卷起我们心中橘色的梦想”。我开了个玩笑：“明天预报有雨，万一是狂风大雨怎么办？说‘温柔的秋风’会笑场吧！”于是她改成“凉爽的秋风”，可那雨却终究没下下来。会不会，是等到今天才下来的？

然后便又经历了一次打着伞下楼的大课课间。那次是语文大课，也是倾盆大雨，讲的是柳永《望海潮》和李贺《李凭箜篌引》。我说：“‘吴质不眠倚桂树’，让我想到‘纤纤擢素手，札札弄机杼’。”杰哥说：“对啊！当时也是你分析的这两句诗。当时你说，你读出了一种安静的美，安静的力量，一种令生活继续的希望……”我顿时无比感动：总有一些事情，你以为只有你自己记得，然而别人也帮你记着，而且比你更加珍视。

九班的故事，太多太多。每个人于我，都是一份不可多得的存在；每个人都有太多太多的故事等着我写下。雨要停了，笔，就先搁下吧！总有一天，我要写尽我默默注视下的所有人、所有事。

人生若只如初见。初见让我们对所经历的人和事都能用其心、倾其情，因用心倾情而熟识，而印象深刻，从而成为丰富饱满的回忆。故而记忆应是用心倾情的自然而然的结果。

一个充满回忆的人是幸福的，因为回忆让他不断地重温当初用心倾情时的澎湃与激动，这似乎又正印证着李商隐的那两句诗：“此情可待成追忆，只是当时已惘然。”

触摸武汉

刘宇轩

一提到故乡，我就愈发地想念武汉。

记得四年级刚来到北京的时候，心里并没有那样的不舍，好像只是换了一个地方而已。但当火车刚进入北京地界后，我的鼻子先人一步地用血液告诉我，这里不是你应该去习惯的地方。我欣赏的是北京现代化的一面，但同时也极为厌恶这座城市旧的文化，那种曾经在皇城根脚下的“自傲”，从老人夸夸其谈的言语到对外地人的不屑，从对自己悠久历史的赞扬到对外来事物强烈的鄙夷，都体现着退化与消沉的气氛。即便是身边的同学学过几种乐器，自己早已放弃不练时，他们依旧心里充满“自豪”的虚伪。好像对我来说，本来就实在的性格遭到了无情的碾压，口中说的东西仿佛才是与人玩笑的谈资。

我努力地不被这种文化强迫似的压倒，反而更加的自信。我知道很多人的家乡并不是北京，但长久以往的灌输，让他们迷失了自我，找不回家的样子，只是在用表象的真诚掩饰着一个可以有安全感的地带，埋葬。

这是一个新旧交替，浮躁的城市。这是一个努力在文化上开放的城市。

往往在这种时候，人心中本有的东西才愈发的珍贵。

走下车厢，迎面而来的正是熟悉的、湿润的热空气。我欣喜地发现那些离开时正在发生着巨大变化的东西，已经产生了巨大的效果。地铁终于横跨两岸，环线逐步发展，山川河流的阻隔不再是城市发展的困境，从此人们过江的选择不再单一。“火柴盒”般的住宅区林立在道路的两侧，昭示着内地经济的又一轮崛起的浪潮。

当然，我还是喜欢那些不变的部分。

可以说，武汉是因水而生的。水既给予了这座城市流动的魅力，同时也为她留下了安静的空间。“长江后浪推前浪。”当你伫立在夜晚的江滩之上，听波涛涌起，听潮涨潮落，看不远处的一桥“飞架南北”“天堑变通途”。宽阔的江面是无尽的想象和和谐的美感，仿佛耳畔依旧能听到多年以前轮渡开船的汽笛之声，高亢地响彻夜空。我想，也正是这种跨越两岸的地域，成就了旷达的心怀，山的那边是什么，水的那端又会是怎样的，想象的力量是脚步永不停止的追寻，怎管它一江春水向何处去呢？静的一面是我最熟悉的一角。东湖之水是宁静的，阳光下波光粼粼的金色环绕着随风摇曳的绿柳，总是怡人而多姿的。家的背后即是东湖，小时候出游的目的地慢慢地囊括了这里的每一处景观。春天是植物园茂盛的生长；夏天是荷叶的天下，一片绿色的波浪；秋季的湖畔是凉爽的惬意；冬天里是梅园中绽放的红色。这样一座后花园，满满的是童年中跳动的痕迹，或许这就是我的那片精神的“自留地”吧。

北方的食物是粗犷的，缺少精细和用心的成分。在北京的几年里，我怀念的也正是故乡的两个事物：一个是家家户户窗台外伸出去的晒衣杆，竹竿上是色彩的海洋；然后另一个，就是武汉的小吃。在武汉吃早饭叫“过早”，这个词非常的形象，如果不是立法限制了公共交通上的行为，武汉人的早餐文化将会更加的平常。这个“过”字，体现了“快”的意思，同样也有着用心的安排。林林总总的小吃摊密密麻麻地分布在大街小巷，出门没吃早饭，路边稍等片刻，早晨的时光就会在有滋有味中度过了，有效率又不失生活的本色。一片区域中的人们，总会热情地为你推荐附近哪家店的热干面最有特色，豆皮做得最好，小面窝炸得最香脆，不一定非去蔡林记朝圣一番才算到过武汉，淹没在市井里的，才是最有实在意味的。为早饭的事情发愁，或许是在北方最为艰难的事之一。还记得水果湖的小吃广场，也喜欢户部巷的传统与经典，当然还有二外公楼下人潮涌动的重油烧麦，各具特色，回味无穷。

语言是文化传播的工具。北方人常常嘲笑的是我们平舌音和卷舌音的不分。武汉人说话的语气听上去好像很火暴，好像非常得不耐烦，那么这也正是武汉话的一个特点。“火炉”之称的美名，当然不是虚有的，桑拿天的感觉，憋在心里无法散发的汗水，都在语言上得到了发泄和解脱。至少，说出来的话是直白而真诚的。

传统与现代在这里得到了结合，“楚河”“汉街”的商业街区是华丽的，归元寺的香火依旧是那样的旺盛。又有谁知道那轻轨会不会跨越到另一侧呢？五年十年的愿景期待着未来的选择，笃定而坚信。

“晴川历历汉阳树，芳草萋萋鹦鹉洲。”我触碰到的，是给予我温暖与力量的地方。

他有一双看见世界的眼睛

黄静宜

自从看了柴静主持的《看见》一期采访周云蓬的节目，外加读了周云蓬随笔集《绿皮火车》之后，坐火车本身已经在我心里变成了一件浪漫的事。但就像那些上世纪的文章中常常出现的事物一样——比如脏乱的、空气黏稠的夏天里的二八自行车和海燕收录机，还有窗子上满是哈气的冬天里人们裹着的厚重的军大衣。它们或许在中国早就已经被淘汰了，绿皮火车再也不会开回来，那些逝去的、渴望相忘于江湖的人也不会再回来。

第一次听周云蓬的歌是《九月》，当时我想这个人大概很喜欢海子，后来知道他是一个执着于行走的民谣歌手，而知道他是个盲人却是最后的事了。周云蓬九岁失明，十五岁弹吉他，十七岁出门远行。他一直行走在奔腾不息的伤口上，他的墨镜向这个世界昭示着他的身份。那时候他还没有长出满腮的胡子，没有留起长发。他一边漂泊一边唱歌，他的词句就像当年工作的色拉油工厂一般的粗砺而饱经沧桑，你仿佛可以听见年久失修的机器在发出隆隆的轰鸣。

只有北极光，只有冰封的希望，
只有深渊在你眼前，为你失明的旅程绽放。

——《北极光》

一个看不见这个世界的人，白天纵酒黑夜诵经，在没有人可以理解的惆怅和幻觉里醉得不省人事、醉得忘却所有。他走过城市，路过村庄，用与常人不同的方式与概念理解这个世界。他的诗与歌完完全全是他经验的凝结。而这种经验除了来自于肉体的冷暖与疼痛，还有更加富有热度的情感。没有表情的面孔，没有款式的墨镜，还有自觉地居于局外人的沉默不语、声音里粗糙撕裂的瑕疵、虔诚庄严却又满是戏谑的歌词，它们都最终统一成一个人，一个孤独的体验者。

读周云蓬的诗如同读一部长篇小说。你目睹着一个人从出生到死亡，从无数的繁花似锦到枯枝败叶，从人生幻境里的笑靥如花到冷锋过境的凄凄惨惨戚戚。这个中心情你都一一体会，便可以得知过完一生的感觉。他的每一首歌都是最辗转反侧的一笔。清醒的水、晕眩的酒，还有世界上壮丽的伤口——周云蓬唱歌时大概是面无表情的，一副与生俱来的冷静，在无尽黑夜的笼罩下，告诉每一个不经意听到他歌声的人这个世界的玄奥。

> 他最后还是回到了盲人影院，
> 坐在老位子上听那些电影，
> 四面八方的座椅翻涌，
> 好像潮水淹没了天空。
>
> ——《盲人影院》

他把命运打了个结，然后安放在那首《盲人影院》里。那个从小在盲人影院里从早到晚听着电影，而听不懂的地方就靠想象来补充的孩子，终于成为一个他渴望成为的人。那时，银幕上长满了潮湿的耳朵，它们都在听黑蚁王讲一个故事，讲着天堂的幻影与人世的艰难。后来这个孩子长大了，他开始思考鲁迅，思考中国人的惰性，思考这个百病缠身而依旧朝气蓬勃的国家。

在《绿皮火车》的结尾，周云蓬写：“如果海子还活着，估计已经成了诗坛的名宿，开始发福、酗酒、婚变，估计还会去写电视剧。所以站在喧嚣浮躁的九十年代门口，海子说，要不我就不进去了，你们自己玩吧。他派自己那本《海子诗全编》——一本大精装，又厚又硬的诗歌集——踽踽独行地走过九十年代，走过千禧年。一个书店一个书店，一个书房一个书房，一个书桌一个书桌地走进新世纪。”

在这个速朽的时代里，似乎周云蓬已经不再刻意地去挽留什么，他与他痛恨并热爱的命运也只不过是匆匆地打了一个照面，然后又各自赶路。他弹吉他的声音像是被黄土地上呼呼刮过的风打磨过，变成了一条粗壮的直线横亘在中国的土地上，连接起了中国的江南与塞北，连接起了海峡两岸。但悲哀的是，这样的连接似乎也是速朽的，而周云蓬大概也早就看透：十年流水成尘埃，十年浮云成尘埃。

周云蓬，他看不见，但他就是在黑暗之中跨越所有不可逾越的时间与距离，就如同那本上世纪的大精装。他把他根植于土地上的音乐，伴着泥土的天然味道留给人们。然后自己起身离开，只身打马走过草原。

周云蓬在他的圈子里认识很多人，除了像老狼、胡德夫、小河等中国民谣领军人物，还有像柴静、黄耀明等听起来并不像一条路上的人。黄耀明向周云蓬谈起旧时的香港，谈起他第一次在红磡演出的心情，谈起周云蓬的词作。一首《中国孩子》，他控诉批判现实，他所触及的内容是最血肉模糊的真相。他从来不只是一味地歌颂美好的生活。他崇拜史铁生，但他与在荒草丛生的地坛里参详天人之辩的史铁生又完全不同。他忠于民谣的本质，最终从《盲人影院》的自我小天地里跳脱出来，不企图给谁灌输思想，所有他参透的真谛都只是在默默地流淌。

在看到他的照片时，我还是小小地震撼了一下。在一个几乎没有灯光的黑暗的台上，他戴着墨镜弹着吉他，坐在台下的观众离他只有不到两米的距离，他们的表情呈现出一种虔诚与默然。他们看不懂台上那个人的敏锐与孤独，但可以感受到那黑暗中闪光的灵魂。

“人生不会因为拥有一双眼睛而变得绚烂，因此也不会因为失去一双眼睛而漆黑一团。”周云蓬如是说。别把自己过分地悲情化，永远年轻，永远热泪盈眶，也永远不听话。

魂归之处即是故乡

毛之琪

我很难跟别人介绍我的故乡。它太过普通，太过没有特点。我在懵懂的年纪就离开了它，只留下了些模糊的碎片般的印象。它没有傲人的经济建设成果与久远深邃的历史文化背景，似乎是个无所谓的城市。它有的只是在城市建设恼人的响声中缓缓升起的高楼大厦与妇女们拿着菜篮子与菜农们讨价还价、吐沫星子飞溅的市井生活。它与北京相距仅仅三百公里，可这三百公里的另一端就像是另一个世界。

故乡于我是姥姥家院内种的无花果树，每到夏天姥姥拿着大钩子把已经成熟的无花果捅下来亲手剥给我吃；是姥姥家门前廉价简陋却又好吃入味的面条小摊，吃得正香的时候总被姥姥皱着眉告诫“这个不卫生，不健康”；还是奶奶家对面小区内不大的集市，我一手拿着布兜，一手牵着奶奶的手穿过过往的车流，有惊无险地来到街的另一端。这些细碎而又温暖的小事编织成了我的过往，也形成了我与故乡间永恒的羁绊，总是忍不住想念、靠近，却又不得不远离，期待着半年一次的与它的会面。

车子驶进奶奶家的小区，我已经记不得这个小区是哪年兴建的了，只记得奶奶曾说过，这是他们还年轻时分的新房子，如今楼外的红色墙皮已经逐渐脱落了，露出了些许白的发灰的内里。院里的国槐与圆柏正开得肆意、苍翠，树梢延伸至天空的边缘，仿佛在制高点上不露痕迹地洞悉着这里的人、这里的事。秋日的夕阳将微茫又迷人的光线斜射向每一片叶子，映出好看的光。树荫下，邮箱都还在，只是有些长久不用的邮箱已经彻底被灰尘与封条封锁了，似乎里面封存了数年前的记忆与被人遗忘的故事，小时候我的每日任务就是拿着邮箱的小钥匙，踮着脚打开邮箱，拿出里面厚厚的报纸疯跑着给家里的长辈们送去。又走近了些，已经看到奶奶在楼下等待我们的身影，半年不见，奶奶似乎衰老得更快了，背也更驼了。我有些拘谨地拉着奶奶的手走进了家门，家里的摆设一切如常，似乎我只是刚刚从童年的美梦中醒来，一切似乎都没有变，但是转眼间十年过去了，仿佛是上天开的一个玩笑。大人们在餐桌上聊天，我和奶奶坐在沙发上，我不着痕迹地问奶奶一些看似无关痛痒的话题，“你每天都有意思吗？过得开心吗？”但她似乎总能看破我脸上急于得到肯定答案的迫切表情，她掰着手指数着，说要洗衣服、做饭、照顾孩子，有很多事，过得很充实。我心里稍微松了一口气，又有意把话题引到我六岁的堂妹身上，这样似乎能给这个逐渐老去的家里添一点生命的活力与色彩，看到奶奶提到那个可爱的小家伙时嘴角不自觉地微笑，我才彻底放下心来。

即便真的站在这里，也总觉得落寞不安，我独自走到阳台。阳台还是密密麻麻地摆满了我叫不出名字的绿植，透过有些泛黄的窗户望向那个我熟悉的院子，将头伸出窗外，贪婪地享受着熨帖而温煦的秋风。最先看到的还是那个通往邻院的铁门，现在想来那不过就是一个鲜少使用的连接两个小区的后门，但对儿时的我来说那里却是个充满奥秘的、神圣的去处，以至于我每天总要扒着铁栅栏，透过缝隙想把里面探个究竟，却只能隐约地看到里面的小径与花草。唯一的特例是十年前的一天，锈色的铁锁突然被打开，我强压着内心的激动，在确认了周围没有人发现我后，才小心翼翼地走进了我日思夜想的秘密花园。那里却乎是一个荒芜的、少有人照料的花园，我依旧能记起当时花香弥漫的美好与初尝叶子上露珠的欢欣，伴随着蝴蝶的飞舞，我沿着蜿蜒的小径一直走到尽头，当时心里就偏执地认定了这就是属于我独自一人的秘密花园，并在心中暗暗与它结下约定：在下次铁门打开时，我定会再次回来。我一直记着这个约定，可这十年间铁门紧闭，如今铁门却大开着，许多摇摇晃晃地骑着小自行车的孩子们从中穿梭，后面有忙着追赶他们的家长，还有没来得及拿走的在台阶上被坐皱了的半张报纸。他们都逐渐地隐匿在苍然暮色当中，我也该返程了。

这一次又一次穿梭往返于故乡的旅程，使得每个旅行者能够更加贴近故乡的风韵，体味亲情的坚实，走进生命的弘广。

我的思绪又不受控制地飘落到了那个小院里。或许我真的该到那后花园再走一走，再次穿过那扇有魔力的铁栅栏的大门，探索每朵盛开花朵的秘密，抓住孩童时期甜蜜的尾巴。唉，如今已然入秋了，不知道那里的花儿是否都败落了，不过念在十年前的缘分，应该还有依旧为我而盛开的吧？

故　乡

高雨田

塘里，是我和爷爷奶奶最早住的村子。这个小村就像它的名字一样简单，几座青砖老屋环绕着一个大水塘，成了一座村庄。不知道多少年前，她就在这里——没有画中江南水乡的温婉缠绵，也没有传说中美丽的等候。

对于北方的人来说，江南是个传说。

人常言，江南女子极温婉娴静，而这和我所认识的大多数塘里女子们却是不一样的。她们不会抚琴，不会诗书，冬天时着单色大袄，夏天时和男人一样穿着肥大的汗衫。她们又哪里“弱不禁风”？干起活来吼一声，就像是风来了也要被吓跑了。塘里不大，但几年下来你没见过苦着脸的女人，倒不是个个都过得如意自在，只是多愁善感又有何用？倒不如套上雨靴，上田里去。在这里，谈学问不如谈生活，因为生活本来就是一门深刻的学问。

她们少能有一双漂亮的玉手，十根手指通红得像一根根小萝卜。我奶奶的手，是我记忆最清晰的，总有隐隐的皂香和猪油味。这双手做得一手油汪汪、香喷喷的好菜，家里人喜欢，每次大铁锅里猪油炸出的油渣溢散出的香气教邻家的孩子们也贪恋上了。

塘里女人出奇得能干，也乐此不疲，在那片不大的天地里生活得风风火火。奶奶有几句话是永远挂在嘴边的：“衣服我洗一下吧！”“爱吃什么？我来做！”就像中国每一个妈妈和奶奶一样，儿孙的冷暖都是心尖上的。爷爷在地里种的空心菜，她硬是做出了好几种花样。

妈妈说我小时候爱闹，塘里哪个角落我都钻过。那时候，村里最常见的场景就是，每天中午和傍晚，奶奶满村“通缉”我。

塘里这个地方自然属我最熟，生活了几年，我知道谁家的水井盖最沉，谁家的狗最凶，水塘里的鸭子是谁家的。最有趣的，莫过进村的那条小路旁的竹林。竹子自己长在那，护着一条条细长的小水渠。夏天七八月份时，孩子们喜欢往沟渠里钻，双脚赤着扎到两垄的黄泥里，弯着腰，抓那种爪牙柔软的青灰色小蟹。这种蟹，握在掌心里凉凉的、痒痒的，长不大的。从石头缝里蹦出来一样的野竹子倒有些江南的气质，通体清秀。竹影落在渠里，遮住了南方毒辣的太阳，但林子里不会觉得阴暗，因为那些石缝里、随处可生长的草芽，其顽强的绿盛放在每一个夏天，绿了塘里，在这个袖珍的小村让人尤会生出一种欣赏的心情。

奶奶每次都能成功地“抓”到我，因为即使这里是我自由的天地，但终究是个只有不到二十座老屋的小村子。被奶奶拎回家，饭都摆了满满一桌子了，还热着。有油汤黄鱼，炝炒空心菜，芋头排骨，再来一碗甜滋滋的桂圆茶……老屋里很少开电灯，屋里是暗的，门外却极亮，让人时空恍惚。我坐在老木桌边，两腿荡悠悠。一个真正的家的感觉，就是你不管在外面或摸爬滚打，或跌跌撞撞，回来都能把你抱在怀里的感觉。

吃饱喝足后，我会被奶奶赶到楼上的小阁楼里。有一百岁年纪的老柜子在午后阳光里散出暖暖的陈木香。我钻进蚊帐里，摆成“大”字摊在凉席上，奶奶点完蚊香后，到床边，把我往里面轻轻地推一推，躺在旁边。我便像壁虎一样紧紧地贴着她胖胖的身子，她左手拿着一个大蒲扇，悠悠地摇着、摇着……

这些小小的瞬间汇成时光的河流，流过了春夏秋冬。我在塘里“轰轰烈烈”的那几年，爸爸妈妈在北京努力工作，终于觉得一切安排得差不多了，他们便开始跟奶奶通电话。那时候小，不知道这意味着什么，只知道奶奶两眼掺着淡淡的忧愁，咧嘴笑着对我说：“啊，终于要回你的北京咯……”现在想想，当时的她大概也是欣慰的。

我至今想不起我从塘里离开的那天的情形。或忧愁？或伤感？不过一个小孩能有什么多余的念头呢，我想，当时解了围裙的奶奶，一定站在小道口。当年在这里送走要去上大学的爸爸，今日再送走一个小的——都飞到遥远的北方，向着那高楼林立、人影匆匆的世界毫不留恋地飞去。又听说北方，冬天挺干冷的。

再回不去走时那一天，塘里也终于独自老成了回忆。离乡的伤，往往是无知时留下，而多年后在某一个时刻，小心翼翼地品来，又变了滋味——今夕何夕？

离乡后的每年都会有那么一天，轿车沿着熟悉又有些陌生了的小道，开进塘里，停在奶奶的老屋前。我一从车子上下来，那站在高台阶上的阿婆就要在奶奶的介绍下再一次认识我。她干瘪的嘴微微咧开，客气地笑道："哟，都长这么大了。"

每一次都是如此。寻常，也不寻常。

妈妈说我小的时候讲一口土里土气的临海话，如今我竟只能听懂零星。去年冬天回塘里时，我们在家里都不会再换上贴身而柔软暖和的大袄，换上大田奶奶做的棉鞋，而是穿着外面的衣服；家里人不再坐着说话，而是站在屋里或徘徊在铁门口。我有时会趁这大人说话时，偷偷溜到二楼，可阁楼那间老卧室的门不开了。等大人们也上来后，我挪到一边等着，可他们只是直接拐到左手的小屋里，同以前一样，到那座有些年头的佛龛前祈祷平安。

那时，我听到爸爸用临海话和奶奶说着什么，什么这个家那个家的。

我好像听不懂他们的对话。家……不就是这里吗？

终于，在我打扰了多次后，爸爸用我能完全听懂的普通话告诉我：去年爷爷奶奶买的新房子，装修快收尾了。新家在市里，周围环境都不错。"那……那塘里呢？"我焦急地问，心里不知为何那么不安。

"要拆掉嘛！"奶奶眯着眼笑道，拍拍我的胳膊。

我愣了。

奶奶麻利地撸了袖子，又到那个青石板上洗衣服，和路过的阿婆笑着打诨。我一个人不安地站在台阶上，恍惚间，觉得一切都不真切。

我以为所有人都像我一样会怀念塘里，这个虽然不美丽，但我真真切切长大的地方。那老屋后面的竹林，夏天的小水渠，渠里青灰色的小蟹，还有我和哥哥小时候摸爬滚打的荒沟……

上一代的北迁，带着想要脱离穷乡的急切和对大城市梦一般的憧憬，懵懵懂懂间岁月更迭，却注定了他们的子女，我一个生在外地而长在北京的孩子，只能把远方的家乡当作一个温暖的念想。

在他们心里，塘里现在是不适宜住的地方了，她有太多缺点：地小、破旧……他们是对的。这里的屋子太老了，夏天还算凉爽，到冬天，寒气直接渗过墙面，那真是冷得挨不住。爷爷奶奶住了一辈子这个破屋子，电灯还是老式的白炽灯，每到了晚上，屋里光线昏暗，两个老人对着坐。

他们不会在意那些竹林小蟹，他们把生活的艰难背在自己身上，把自由的天地留给了孩子们。我心驰神往、完美无缺的塘里，却是那个锁了爷爷奶奶几乎一辈子的破村子。老一辈磨破鞋子也要走出去，走不出去，便让儿子走，砸锅卖铁，必须要走，走向大城市，走向更宽广的人生。

奶奶总是摸着我的头发说，塘里有什么好的，又小又破。

我坐在大水塘边的青石板上，看着几座老屋清清楚楚地倒映在水面上，麻鸭游过那里，模糊了影子。是呀，又小又破，倔强的小村仍在这太阳一升一落的年月里守护着这番光景。

有时候我会怪我的塘里，为何那么不争气，不留下一些什么。我怕有那么一天，我回来，就再也找不到她了。

看着故乡，曾经的人们，竟都是那么的鲜活。时间一点点走远。我愿意理解她。她是石缝中生长出的苍耳，有坚韧顽强的生命力，而终有一天，她要去向远方。并且我会记住，那是为了人们心中的梦。

长安呓语

邱　祺

下车，行走。

抬眼便是一座高大的城墙，仰首望着前方，朱红瓦灰白墙。闭眼感受清风，却听台阶上有人呢喃，似梦中呓语。侧耳细听，不觉大惊失色，乃记录在此，以告后人。

（一）

方丈说，夏天的夜晚，闭上双眼，静观呼吸，可以飞上法门寺的高空，听到鼓声的余音，可以穿过高高的城楼，去到任何一个地方。有一天我真的成功了。我感到有一股气焰从脊梁处喷涌而出，携着我冲上漆黑的天际。打坐的禅房升起的檀香，耸立的鼓楼上投下的阴影都忽闪而过。寺院门外，却是火光冲天。

一群身穿短打般干练军衣的人们围在院门哼哈二将的脚下，怒气随着火舌一齐窜上天来，个个面如红土。他们挥舞着锄头、铲子，向着佛塔的方向叫嚷。几个同门僧人拉扯着彼此，一步步地向后退缩。寺门大开，如狼似虎地，那些人便扑了进来。鼓楼上，钟楼上，大雄宝殿中，霎时站满了人。

我慌忙拉回了身躯，坐在自己的禅房里，直愣愣地注视着他们。

几天前，这批人模人样的聚众冲进寺来，砸了寺院里的佛像，案台上的香烛、千年的银盘金碟统统轰然倒地。混乱中有人擤了擤鼻，清了清嗓子："同志们，来啊！打倒一切牛鬼蛇神！"这尖锐的叫声充斥了半边天空，激起身后千层巨浪。挥舞的手臂像原野上的油田景象，一下下敲在寺院古老的土地上，他们左手臂上佩戴着的红色袖标也张牙舞爪地飞动起来，染红了他们的双目。

方丈已经赶了出去，后面跟着抄家伙准备防卫的徒弟，其中一人怀抱着一摞柴草。方丈的手因愤怒而颤抖着，平日里和蔼的面容，被火光照耀得扭曲。“本寺早已被你们毁了！你们又来干什么？……”他怒目圆睁地注视着面前的红卫兵。

打头的是一个年轻人，他冷笑了一声，装模作样地弯了弯腰：“对不住了，方丈。我们看这法门寺的佛塔金钟挺立，声传四方，只怕迷惑了不少为革命献身的人民。今日来只求推倒这塔，以免其再妖惑众人。”他说得义愤填膺，时而从身后传来阵阵欢呼。

方丈大口大口喘着气，艰难地挪了挪步，直挪到佛塔前。他双眉紧锁：“这塔乃是明代所建。推倒了，你们能担得起吗！……”

“管它什么明宝塔！只要是封建迷信之物，一律消灭！同志们，上啊！”

“都给我住手！”方丈一声怒吼，正如狮吼虎啸。他颤颤巍巍地走下塔前的台阶。人群随着他的走近缓缓地向后退去。他走到最面前的一排，一把夺过火炬，转身立于台阶前。“你们若要毁了此塔，先把我烧了！”

红卫兵们你看看我，我看看你，都沉默不语。“噼噼啪啪”的火焰燃烧的声音在人群中弥漫，火光里方丈的脸随着浓烟扭动模糊。

“别被这个老头儿唬住，大家快上啊！”众人才仿佛恍然从梦中惊醒，大叫着冲向僧人们。

方丈猛地一杵禅杖，面如死灰。他接过僧人手中的柴草，扔在了地上。

方丈凝重地盘腿坐在阶前柴草之上。他举起了火把，将它扔在脚下。

我打了一个激灵，仿佛被一道强光击中，猛然懂得了师父的意图，连滚带爬地冲到了塔前。踉踉跄跄中，我叫喊着，朦胧里听到同门师兄们的呼喊。尖叫声、叫骂声、脚步声，连成一片。

方丈面无表情地望着，好似一面铜钟，说不清是悲恸还是欢喜。他听到我的呼喊，转过脸来望着我。我跪倒在地上。

当此时，佛塔中突然传来洪亮的钟声。钟声里，一个人诵起《贤愚经》的偈子："常者皆尽，高者必堕，会合有离，生者皆死。"

火从方丈的膝下窜起，像一朵莲花，吞吐着天边的黑云，腾空而起，要把他的目光捉走、掩藏，连同身躯，那穿着袈裟的僵硬的身躯一齐卷上天去。方丈飘然而起，跟着它，划动新生的羽翼，越过茫茫的原野。人群愕然地尖声叫喊，四散奔逃，一个人被另外一个人绊了个狗啃泥，又爬起来，头也不回地跑出寺门。

"咚"，一声闷响。火光中的莲花黯淡了颜色。

1987 年，考古工作者意外地发现法门寺塔下的唐代地宫，唐代埋藏的佛指骨舍利重见天日。有辞曰："重现庄严争寸阴，护持法物重微尘。心光常住近及远，事业毋忌后视今。"

那一日，人们看到悠悠鸿雁拉长了声调，高一声、低一声地鸣叫。

人们说，长安的血液流淌在这千年地宫。

（二）

"咚——"又是一锄头，却好似碰到了什么坚硬的东西。王宁贤跪下来，用双手扒开湿润的泥土。慢慢地，一片青绿色露出顽皮的笑脸，从泥土里探出一双眼睛。"啊——"他心下一紧，摩挲掉青绿色上的黏土，一片坚硬的外壳便崭露头角。锄头声消失了，四个同伴循着声音消失的地方而来，都聚拢在王宁贤的周围："怎么了？挖到宝贝了？"

宝鸡这片土地，养人养山养青铜，都说是周秦王朝发祥地，却从未出土过一件宝贝。不久前，李家人开垦荒地，硬是凿出一件青铜方鼎，一只小猪大小。李老汉捧着这宝贝爱不释手，夜里酣睡也不忘怀抱着它，梦里还嘟嘟囔囔："哦，青铜抱回家，钱子儿遍地花……"吵得李老汉的妻子怒踢他的腿肚子，直踢得李老汉翻滚下床，还环着那方鼎吃吃笑个不停。

后来一位自称是某某大学的教授来到这个村庄。什么大学，村里人记不清了，只记得这教授耳朵上架着两张玻璃片儿，一副没睡醒的样子。他眯着眼睛走到了李老汉的家门口。

李老汉笑脸盈盈，把人请进屋内，当场拿出宝贝，请教授鉴定。只见教授从兜里掏出第三个玻璃片儿，又摸出一双雪白的手套戴上，细致地端起方鼎来瞧。半晌，他叹了口气，把李老汉惊得大气也不敢出。

“这个，假的。”教授只说了四个字，便拱手离开了，走出村口便不知踪迹。有人说看见他往山深处去了，许是寄居在那里；有人说他跑到田里去挖宝，被农民误认为是贼，吊起来打，后来一瘸一拐地回去了……

王宁贤慌了神，胡乱地用手拂了拂泥土，把薄薄的土灰覆回到青绿色上面，一边尴尬地掸着身上的灰尘。“没什么，没什么……锄头卡泥里了……”四个同伴中最年轻的那个（姑且称之为年轻人）狡黠地眨了眨眼睛，干笑了两声，一脚踢开王宁贤身后的土灰，青绿色又笑嘻嘻地露了出来。

突然一阵原野风刮过，吹得田野里的草木波浪般皆响，好似几个人踮着脚尖，缓步走至近前。五人齐刷刷地向四周张望，却只见风吹草低，稻香遍野。年轻人蹲下来，用手敲敲青绿的青铜，又抬头看了看围成一圈的众人，“是好宝贝，恐怕是件青铜。”

“那现在怎么办？”王宁贤叉着腰，陕西大汉特有的红红的脸上因刚刚被揭穿谎言而涨得更红。

“找那个戴玻璃片的教授给看看！”其中一个留着平头的中年人说。

“他？早没影啦！”

关中的风吹动了太阳，直吹得人心神荡漾，吹得一阵阵急促的脚步声摇晃响彻田野。人们奔走相告：“宝贝不见啦！宝贝不见啦！”最先发现青铜不见了的是平头。早晨天蒙蒙亮，他便扛起锄头走上山冈去了，向四周眺望一番，却不见了昨天五人做记号的地方。他把脚下未长杂草的土地翻了个底儿朝天，青铜仍然不见踪影。有人说是宝贝通仙气，自己挪了窝，有人说是土地爷爱这宝贝，又把它抱回去了……

隔了几日，王宁贤根据记忆摸索到了那片平地。

几天前的夜晚，漆黑的黄土漆黑的天。有一个人影径直从王宁贤的家闪了出去。他扛了把锄头，大踏步走进了田野，迈入了高高的秸秆中，翻过山冈，来到一座小土堆旁。

他抡起锄头，把土堆推得干干净净，随后挖出几株杂草，又种在平地的四周。

他轻轻地吹了声口哨，一转身，走了。

现在，他拨开杂草，挖开上面的黄土。渐渐地，青铜器露出了脖子、双臂、腰身、双腿，愣愣地站在了他的面前。

青绿得发黑的身躯，耳上一对圆滚滚的耳环，雕镂着祥云图案，沐浴在阳光里闪闪发光，好似一位仙人从天而降。

“三十功名尘与土，八千里路云和月……”远处传来一曲秦腔，传遍了原野。秦腔的声音时而像狮吼，时而像莺啼，绕着稻田，牵着枝丫，夹杂着关中几千年的风雨，落在地上开遍了花。歌声里，王宁贤看到自己卖了青铜，捧着钱子儿，拥着妻儿笑。一个钱子儿飞起砸中了他，又消失了。他看到镀金的古盘，高矮不一、错落有致的古城墙在这片土地上升起，又被推倒。他看到面前遍地长满了青铜，周时古道斩断了杂草，向秦腔飘起的地方飞去。一阵狗吠从身后响起。

“咣当——”手中的锄头直挺挺地落在了地上。

2003 年，宝鸡市眉县杨家村五位村民最先发现了深藏于地下千年的青铜器，并开始了自己发现、自己保护的历程。所有的青铜器被完好地安放在了青铜器博物馆内。

不知怎的，关中后来流传开一首风格壮美的调儿来：“面朝黄土背朝天，心如火焰守地土；看那青铜身似铁哟，周时血脉就此传……”

记罢，我的目光向远处奔走。谁曾想起，我们的祖先，从未冷漠地送别晨夕和晚风。他们也曾站立在长安这片土地上，面对着太阳升起的地方虔诚地下拜。在大街小巷、车水马龙里更迭了四季的流淌，历史无形地行走，带走了余晖，也带走了故人，然而其带不走的，中华的血液，却一滴滴落在泥土里，生长出枝干来，抽出芽来。

长安的颜色，自古而来便是灰红，淡褪了繁华后，更觉斑驳深沉。在这深沉里，映满了荣光，那荣光是滴灌了千年的血液，正汩汩地流进我的血管，涌进我的喉咙。我站在古城墙上向东南西北举目眺望，看见关中、陕北、陕南的百姓络绎不绝地进入城内。每个人的脸上都亮着黄土的标志，像大印，又像幡旗。每个人的脸又仿佛是同一张脸，是方丈的脸，是小沙弥的脸，是王宁贤的脸，是村民们的脸。城墙下无数世代无数的人们，都伸出双臂来怀抱着一个被风吹日晒得衣衫褴褛的婴孩，他在长安城宁静地、香甜地睡着。

我惊讶地望着他，不愿惊动；只是捧一汪热泪，播撒在中华的土地上。

摄魂师

李君阳

坐火车从北京到拉萨相当于要蜿蜒起伏地穿越半个中国。列车驶出华北平原，从兰州起便开始缓缓地爬上大地渐次抬高的脊梁，经过纳木错和可可西里，还要翻越唐古拉山脉上的一个山口，中途停下来换个动力更大的火车头，继续牵动这条闪着金属色泽的长蛇爬上海拔更高的地方。

这一去，总共要花两天半。漫长难挨，但仍是值得。窗外迷人的风光几乎快要穿破坚硬的车皮渗进车厢之内，高原上的风从蓝天的另一端捎来袅袅萦绕的香火和淡淡的甜茶味道。风景已经美得摄人心魄，更何况在这两天半里，同一个隔间的乘客成了临时的家人：能在举手投足间帮对方一个小忙，也能捧一杯热水在夜色降临时一起坐在下铺开故事会。这样的旅途，总能令人想起佛法里的那句“修百世方可同舟渡”，体会其中与宿命和缘分、相遇和分离有关的意味。

和我们住在同一个隔间的，有一个摄影爱好者。“摄影”二字，对他来说有些平淡了，因为他不仅把一张张图像存储在了相机里，更把所见之物的“魂”和他自己的感受融合在一起，深深地印在了生命的长胶卷上。

他几乎总是把一台专业相机抱在手中，时刻准备着抓拍窗外疾驰而过的风景：近处线条柔和的浅黄旷野、旷野上大片的牛羊、闪耀在天边的雪山、在铁道边巡查的解放军坚毅的身影、偶尔出现的村庄与藏红色屋顶上升腾的白烟、一两只蹦跳的黄狗，甚至是阳光投射到遍布毛球的地毯上的样子都能成为他镜头下的模特。

他是个有趣的人。与人交谈时看不出有多么口若悬河，可一旦他独自坐在窗边看着外面，就仿佛被窗外的景象触发了语言中枢，时常发出喃喃的感叹，情绪也跟着激动起来。但他又怕自己会因此产生高原反应，所以在长嘘短叹时总刻意压低了声音："哎呀呀呀——不行不行！该反（指的是有高原反应）了！"一边"反了反了"，一边轻微地摇头晃脑，脸上满是被深深吸引、震撼和折服的神色。他随即举起相机，咔嚓咔嚓地按动快门，生怕美景溜走。

第二天晚上，火车已经到了海拔数千米的高度。这位"反爷"竟然真因为"情绪激动"有些胸闷气短。妈妈给了他一些高原红泡着喝，他呷了一口，视线锁住窗外的一片漆黑，脸上那副虔诚的表情仍没有褪色。

清晨，我被车厢里输送氧气的嘶嘶声吵醒，下床轻手轻脚地走到过道上来。推开隔间的门，小桌旁竟已经坐了一个人——这不是昨晚还有些"反"的那位吗？他转过头来笑着冲我点点头，把食指轻轻地放在嘴唇上，好像是在提醒我不要吵醒其他人。后来我才想到，他当时八成也是在提醒我，不要惊扰了窗外晨星未落的天空。那是一派美得惊人的景象——天空完美地呈现出从墨黑到深蓝再到浅蓝的渐变，一条泛白的线条如同精心裁剪过一般勾勒出了山峦的剪影，几粒不算明亮的星星洒在巨幅天幕上。随着列车的前进，窗外山的剪影也在不断绵延，如果天色永远不亮起来，它好像就要生长到无穷无尽的地方。

山的剪影，再加上人的剪影，好一幅画！山在窗外默默地陪伴着人前行，人在车内目光灼灼地凝视着山，如果天色永远不亮起来，可能也会凝视到久远的未来。

"……真美，太美了……"他说。

还有一件令我印象很深刻的小事。当时我正坐在床铺上低着头倒水，忽然听到他恍然的惊叹声，好像一个沉默了许久的人终于获得了重新发声的能力，一瞬间心中有太多情感在涌动，竟又找不出合适的词句。我连忙跑到窗户边，也被眼前的场景震得失去了言语——成群的白鹤，正闪动着翅膀起飞，飞舞在这片广袤的土地上，无瑕、自由。背后是旷野、群山、天幕。直到那群白鹤全然退出了视野，我才看向坐在一旁、整个都被点亮了的那个人。他仍然偏着头，眯着眼睛努力地追寻着白鹤的最后一点点踪迹；这一次他没有像往常一样拍下照片——一切都发生得猝不及防而又转瞬即逝。但我想这短暂的奇迹，应该都一并被他烙印在了心里。很长一段时间以后，他还会把那群白鹤振翅起飞的画面从记忆的背囊中取出来，不厌其烦地回味一遍又一遍，又不断地被击中内心。

他是摄魂师，用脚步和镜头记录着许多美的事物，倾注着许多对美、对自然质朴热烈的索求。

那是一片美丽的土地。

那是一个痴狂的人。

读后感

世界很大，我们很小

《饮水词》选段解读

代孟洁

《饮水词》篇篇皆为精品，但若欲一一解读，实属不可能，因此我甄选了几篇来细细品味。以下篇目仅依据阅读当时的触动之感而选出，绝无任何排序比较之意。

（一）醒也无聊　醉也无聊

采桑子

谁翻乐府凄凉曲？风也萧萧，雨也萧萧，瘦尽灯花又一宵。

不知何事萦怀抱，醒也无聊，醉也无聊，梦也何曾到谢桥。

正如笺注中谭莹对他的评价一样，“容若词固自哀感顽艳，令人不忍卒读”。

这篇采桑子哀到了极致，“醒也无聊，醉也无聊”。在一个彷徨凄迷的人眼中，一切都好像是虚幻缥缈的，自己极度地想要去抓住些什么，好让自己停留在人间，却又不知人间有何事值得自己去驻留。像是李清照失去丈夫后那样的心神恍惚，“寻寻觅觅，冷冷清清，凄凄惨惨戚戚”。他们找啊，找啊，连能否找到，甚至能找到些什么都不清楚，只是痛苦地沉沦着，无法自拔。

这篇采桑子却也别有一番艳色，“瘦尽灯花又一宵”，与他一同赏景言欢的人已不在，潇潇的风雨都失去了缠绵的情思，平添了一丝冷意，他只好守着桌边的那一盏烛灯，盼着那橙黄的暖意能为这灰色的世间增添一抹色彩，好让他能够挨过这漫漫长夜，这漫漫人生。一个“瘦”

字，耗尽了他一生的温度，勾勒出他孑然的剪影。

“以我观物，万物皆着我之色彩”，在卢氏离去之后的纳兰眼中，潇潇风雨都像是凄苦哀歌，勾引出他心中那说不清却又一直萦绕着的愁绪。他的每一日都像是数着日落与日出挨过去的，不说是度日如年，因为连时间的概念都无限地模糊了，记不清晰了。对于这样的纳兰来说，爱情是他的囚牢，让他陷入无限的彷徨之中，却也是他的谢桥，毕竟给了他一丝缥缈的微光，让他心存希冀，让他得以留在人间。

（二）当时只道是寻常

浣溪沙

谁念西风独自凉，萧萧黄叶闭疏窗，沉思往事立残阳。

被酒莫惊春睡重，赌书消得泼茶香，当时只道是寻常。

人生若能得一知己，便足矣。爱情中若是能遇到那个与自己情投意合的人，便更是再无所求了。卢氏与纳兰，正好比李清照与赵明诚，是两对令人艳羡的高山流水，他们彼此间懂得对方的志趣情调，连喜好都相互契合。于是“被酒莫惊春睡重，赌书消得泼茶香”便自然而然地出现了，且不知不觉地便成了寻常一般的生活情趣。这真真是爱情中最最美好的景致了，香茗佳酿的袅袅白雾缠绵之下，那幽兰与淡菊相视一笑，不掺染任何杂质的情感流露，是最最真实、最最珍贵的。当时那对含笑相望的人儿眼中，余下的唯有书墨、茶盏与彼此，世界是那么的大，又是那么的小。

只是这一切一切的美好，都被一个“当时”给打碎成了梦痕。“当时只道是寻常”，简简单单，又直直白白，却沉重得仿佛溺毙水中，竟令人喘不过气来。前事无论如何伶俜，终究绕不开一个当下。而今才道当时事，细枝末节却仍是历历在目：当时被酒共枕而眠的安稳舒心，当时赌书嬉闹的那缕茶香，当时忘情欢笑后沾湿的衣裙与嗔怪的媚眼，都是如此的灵动清晰，直教人恨不得搅乱现实与回忆，好能够凭空抓住那些虚无的景象，再重温哪怕一次当时视若寻常的美好。

“当时只道是寻常”，好似有着无尽的懊悔，但纳兰这平平淡淡的一句话背后，却透出来一种风骨，一种浅浅的释然。当时若不道是寻常，大概现在回想起来，便失了那份纯粹的美好了罢。爱情，乃至生活，不是为了回忆而存在，而是为了当下而驻留。“当时只道是寻常”，是脉脉的温情，是伤感的慰藉。

所以纳兰甘愿用回忆一遍遍刺向自己柔软的心灵，尽管它看似毒如砒霜，回味起来却也甘之如饴。

西风席卷着泛黄的木叶，一道孤瘦的背影立于残阳之下，单薄，却也坚韧。

（三）忆来何事最销魂

虞美人

曲阑深处重相见，匀泪偎人颤。凄凉别后两应同，最是不胜清怨月明中。

半生已分孤眠过，山枕檀痕涴。忆来何事最销魂，第一折枝花样画罗裙。

睹物思人，自古以来便是芸芸众生不约而同的情感宣泄方式，在诗词歌赋中更是屡见不鲜，将无形的情感具象化，使之能够凝结于一件实体的物品之上，便使得这情感更加地浓稠饱满，富有张力，能够直击人心。而一件物品承载了人们特殊的情感，便好似也有了灵性与温情，能够屹立于天地之间，独特地存在了。这物，囊括了大千世界中的一切自然景物，就连单飞的孤雁都可勾起思夫之情，更不必说“此物最相思”的红豆了。这物，更包括了汇聚了两方之间情感而生，对特定的人具有特殊意义的事物，就像那件绘着折枝花样的罗裙。

卢氏在纳兰府中留下的是那件折枝花样的罗裙，而在纳兰心中留下的，则是那个秀外慧中、聪敏可爱的人儿。那件罗裙上有她低垂眼帘细细缝补的可人身影，有她清扬温婉、灵犀活泼的动人身姿，更有她那双含羞带笑、诉尽平生爱意的盈盈水眸。难怪“忆来何事最销魂”，纳兰会叹“第一折枝花样画罗裙”。他已经不单单是在回忆身着折枝花样罗裙的那个女子了，他的心中早已住下了那个身影，而那个身影，因这罗裙而从回忆深处翩跹而来，与现实交汇于那折枝之上。

（四）西风多少恨，吹不散眉弯

临江仙·寒柳

飞絮飞花何处是，层冰积雪摧残，疏疏一树五更寒。

爱他明月好，憔悴也相关。

最是繁丝摇落后，转教人忆春山，湔裙梦断续应难。

西风多少恨，吹不散眉弯。

古人常会做一些好似多余的事情。像是折柳送别，将那柔嫩的柳枝折下，在手中缱绻，拂过一道道掌心纹路，蒸腾着情感，徘徊流连往复，直到最终不得不离去的那一刻，再依依地道别。那一枝细瘦的、被二月春风精心剪裁出的柳条，透过皮肤纹路，将“留”字一点点地刻入骨髓，在内心深处荡起涟漪。于是“柳”在时间的侵蚀中慢慢变成了“留”，是不抱希望的挽留，是带着释然的挽留。

“爱他明月好，憔悴也相关”，读来有种悲凉与凄怆，但任它荡气回肠一番之后，却又有种淡淡的慰藉之意。明月仿佛无私得无欲无求，怜惜着世间万物，爱抚着一切美人，但它其实自私得温情脉脉，只将光芒倾泻于懂它的人的心间。付出，只有遇到懂得接受与珍惜的人时，才有意义，而爱情，从来都不是一个人的独角戏，而是两个人的相互关照。

像是恨意与愁绪这类缠绵悱恻、微妙虚幻的情感，是最难刻画与描写的。浓墨重彩地渲染会过于冗复，好像给那纯粹的感情上了一层厚厚的釉色，触之只及圆滑的外壳，摸不透内里蕴含着什么；然而蜻蜓点水般的浮光掠影又好似过于寡淡，无法使读者与之产生共鸣，难免流于索然无味。而那些将之诉诸于同样虚无缥缈，却是在有形之中孕育出无形的那些自然事物的妙词，却往往能达到巧夺天工的独特效果。这其中有两句颇为典型，一句是南唐后主李煜之作“问君能有几多愁，恰似一江春水向东流”，一句便是纳兰这首《临江仙》中的“西风多少恨，吹不散眉弯”。余音绕梁，此之谓也。

（五）有个盈盈骑马过

浣溪沙

一半残阳下小楼，朱帘斜控软金钩。倚阑无绪不能愁。

有个盈盈骑马过，薄妆浅黛亦风流。见人羞涩却回头。

爱情中最为美好的，或者说最为美好的之一，一定是初相遇。在茫茫人海之中，两个素昧平生的人邂逅了，开始产生交集了，时间、地点、景致，一切皆可抛，都不再重要——但事后回想起来，那个当下的一切因素、一切环境，不知为何，恰恰就是最为完美、最为无可替代、也无可复制的——包括周遭的嘈杂或是喧闹，在顺着时间的切口回溯的时候，仿佛存在着一个无形的滤镜，将这一切无关的事物都过滤掉了，走出来的，只余那个柔和的身影和他明媚的脸庞。

就像纳兰心中的那个女子，简简单单的，不加任何矫饰的，只是“有个盈盈骑马过”，却胜过千言万语，勾勒出了那个如画一般的女子，顺着嗒嗒的马蹄声，由红尘的远方盈盈而来。彼时，她年方二八当碧玉，他亦风华正茂恰少年，只那么遥遥地一瞥，飞沙走石便都尘埃落定，世界亦步亦趋地慢了下来，却不愿停止。于是她“见人羞涩却回头”，那股生命的青春美好，勃发的纯真炽烈，尽在不言中。此时无声胜有声。

当一半残阳下了小楼之时，纳兰倚着阑干，眉头不觉松了些许，嘴角不禁扬了几分。

（六）总负多情

青衫湿

近来无限伤心事，谁与话长更，从教分付，绿窗红泪，早雁初莺。

当时领略，而今断送，总负多情。忽疑君到，漆灯风飐，痴数春星。

爱情到了最后，常常只剩下一个人和两个人的回忆作伴。回忆最为残忍的一点在于，它潜移默化地为你养成了某种习惯，它让你将那种习惯融入到了血液之中，融入到了体温之中，它让你习惯了习惯的存在，于是在某一天突然失去了它的时候，你会茫然失措，会彷徨恍惚，会感觉自己仿佛游离于现实之上，却又找不到过去的入口那般无助。

纳兰则更是个被回忆宠坏了的人儿，他的回忆鼓鼓囊囊，充实而又饱满，于是在它失去另一端的支撑而突然压倒下来时，才会带着毁灭一切的决绝架势。于是遇到“近来无限伤心事”的纳兰，长夜无眠又无人与话的纳兰，月色下痴望“漆灯风飐”的纳兰，终于明白，“当时领略，而今断送，总负多情”。他懊恼，他怨，他恨，可他大概并不曾悔，他也不愿悔。

纳兰一次又一次地问着“谁与话长更”，等来的却只有潇潇细雨杂乱无章的落地声，间或砸入小洼，没了痕迹。纳兰一回又一回地“忽疑君到”，等来的却只有飒飒的西风，安慰似的抚一抚那消瘦的灯花，让明灭的光影共之微微摇曳。但他仍旧乐此不疲地问着，疑着，好似浑不在意那“绿窗红泪”一般。只是到了最后，他开始渐渐看到了那“早雁初莺”，渐渐开始学会了“痴数春星”。日子还是要好好过，生命还是美的，虽然还不知道回忆能不能算作生命。

纳兰甘愿与回忆作伴，大概虽有凄苦，却也好过毫无温度。

人血馒头与酒

高雨田

仿佛在有人类文明存在的地方，黎明前总有一段时间极为黑暗，代表理性与文明的灯尽数熄灭，人们在沉睡。或深眠没有了清醒的意识，或夜半惊醒又在周围黑暗的裹挟中倒下，或磨动着牙齿却并不以撕咬、驳斥任何事物为目的。压抑而漫无边际的黑暗，也总有彻夜难眠、两眼圆睁的人，点着明亮的蜡烛，企图毁灭黑暗而重就光明。然，蜡炬成灰，终究只亮了短暂的时间和一小方空间，那大片的天空，仍是黑的。

——愚昧——

人们总悲哀于自己的卑微，却又总是自信自大。这样矛盾统一的关系，人们处理得游刃有余、如鱼得水，无论阶级地位、无论学识能力，仿佛人生来如此。而处理得当那是智慧，不得当便是愚昧了。

以华老栓为代表的封建制度下的广大劳动者，他们淳朴简单，宽厚的脚掌死死地抓着那片土地，上有天的支配，又要在“洪流”中选择自己的立足之地。对于天灾人祸的恐惧，对于生命渺如蝼蚁的感触可谓是他们一步一个血脚印走出来的。尤其在动荡的年代，他们生来的卑微感使他们病急乱投医，迷信鬼神。到底是靠着天吃饭，可天便真将他们当宠儿吗？这种盲信其实已经是他们在沼泽边缘的徘徊。

康大叔或许是那个“可以解决问题”的卖人血馒头的人，即使不是，他也是可以为自己知道如此“良方”而骄傲得意的。然而，他终究是只敢在乡野或在深夜卖弄哄骗老实的农民，以一副“窝里横”的姿态，演着自己心目中的救世主。“你运气，要不是我消息灵”“这是包好”“包好，包好！”满手鲜血地抓着那大把馒头，能说他便是智慧的吗？

血淋淋的人血馒头，以几近兽性的方式为自己的脆弱求医，也同时以一种盲目的冲动给自己的灵魂下毒——可怜又可叹。

言及“愚昧”，又让我想起列夫·托尔斯泰的《复活》一书。其中亦尽是“愚昧”的丑态，而那些则更多出现在穿着天鹅绒绸缎、高谈着神论艺术的上层阶级中。当时的沙俄，喝酒成瘾性的不是所谓粗鄙的农民——他们买不起酒——而正是那自以为最接近真理、最圣洁的贵族。酒精常年的麻痹，使他们得以在烂醉时依旧保持着“清醒”的样子。他们自信而自大地以熟稔法律条款而自豪——他们可是讲理的人——却同时大胆地凌驾于法律之上。他们可以花费冗长的时间去认真宣读各种宣言、规则，却又在最后以“若那法律文件的页数能被三整除我便同意她无罪”的种种可笑的方式判决善恶对错。正如涅赫柳多夫所察，每个人的灵魂里都有一个“精神的人”，也有一个“动物的人”。

而那些人，是被“动物的人”所支配——可恨又可耻，可耻又可恨。

——觉醒——

中毒的人能够复活么？人们如何才能被医治？

三尺黄土下的夏瑜可以吗？如何能呢？他的鲜血被制作成毒药，他雪白的骨在土下被蛀蚀。又何知，在脚下的大地下，还埋葬着多少个夏瑜？

《复活》中，诵经士将面包唤为上帝的肉，将酒作为上帝的血，带着囚徒们吃下浸酒的面包。他们吃的是上帝的血肉，是对神秘力量所能带来的光明的企盼，而我们当时的人民却在吃着能带给我们真正光明的革命者的血肉，是愚昧无知！

若是鲜血真能医当时“疫疠”、正人骨气，又将有多少个秋瑾夏瑜就算从地底下爬出来，也愿将自己苍白的手臂伸出，将暴突的血管伸到人们的齿边任其咬裂喝去？

苍茫大地，竟无其立锥之地——何等悲哀？

“动物的人”在统治人间，一口人血馒头，一口烈酒；“精神的人”，沉眠厚土之下。

如若有人的词锋足够锋利穿破了人们的躯壳，如若千百个、万万个夏瑜的倒下能够换来有一日黎明的到来、昏睡后的惊醒。那真是悲剧时代最好、最好的转机了。

世界很大，我们很小

赵静怡

海子面朝大海，在铿锵铁轨声中为自己的生命画上了一个句号，虽不算十分完美，但那天，也许正是春暖花开。

他在一个幸福的季节，结束了一切：爱，恨，痛苦，幸福……

“从明天起做一个幸福的人”，那么，今天你不幸福吗？为什么要等到明天，而明天你一定会幸福吗？“喂马、劈柴、周游世界”，你的幸福仅此而已吗？这样的你一定会幸福吗？我看不见得吧。“从明天起关心粮食和蔬菜”，这些是每个人都关心的，而你却不知道何时把它们丢在身后，要等到明天。

“从明天起，和每一个亲人通信。”也许那所房子离亲人们太远，也许是亲人们离你太远，你走不出自己，挣扎着，痛苦着。

“那幸福的闪电告诉我的”，它对你说了什么？是感慨你的幸福像闪电一样短暂？还是称赞它刹那的明亮？我更愿意相信是后者，虽然只是刹那间，虽然会熄灭，但它至少炫亮过。

“给每一条河每一座山取一个温暖的名字”，你热爱自然，向往自然，所以你要去温暖每一座山每一条河，即使自己的心其实早已凉了。你在用美好的愿望诠释着你最温柔最脆弱的感情，用善良和真诚打动着每一个人的良知。

“陌生人，我也为你祝福。”你的胸怀就如同自己所向往的大海一样，宽广博大，你用爱去爱每一个人，即使有的人对你不好。也许你自己的前程并不明亮，你却天真地为别人着想。也许身为有情人的你却依然漂泊，未成眷属，你在祝福他人，单纯地忘了自己。

“我只愿面朝大海，春暖花开。”就这样你去了，去寻找你那所面朝大海的房子，到诗歌的王国寻找属于你的王位，那里还有永远属于你的阳光。单纯的你踏上了这次寻找之路，在你 25 岁时，匆匆走向你的幸福天堂，开始了心灵回归之旅。

海子，与其说你是一个诗人，还不如说你本身就是一首诗。这首诗有太多的心酸太多的无奈，在那个特殊的时期，这首诗却能有“面朝大海春暖花开”的向往，用最纯洁的心真诚地祈愿每一个陌生人都能幸福于尘世，把无限的爱撒向了世界，却忘记了自己。

这首诗用心灵丈量世界，用情感倾诉生命。他的灵性，他的与众不同、卓尔不群让他太过纯真，纯真到看不惯有污点存在的世界；他太洁净，洁净到几乎把自己全盘否定，恨不能自己变成一根草一抔泥土。他用诗句纯洁了人们的心灵，却不能慰藉自己的灵魂；用一生人格的痛苦去倾诉，却不能宽慰自己的遐想和期待。

这就是传说中的返璞归真吧。也许只有返璞归真的境界，才能得到真正的解脱。

火车的笛声远去了，大海的辽阔依旧让人向往，花朵在春风拂面之时依旧展开笑脸。世界很大，我们很小。

圆中人
——记宝钗

朱加宜

她的一生，是无蕊的花，是无果的树，是等不到结局的圆满。

宝钗是少有的堪称完美的女子：论琴棋书画与黛玉媲美，却又没有颦儿的小性；谈道德修养和李纨比肩，但却少了宫裁那般的木讷寡言。她可以在贾母生日时点一出《西游记》讨得喜欢，亦可以一处坐下来谈心使得黛玉敬服。红楼里面，她是唯一一个不曾受过争议的人物，一家老小都对她心悦诚服。宝钗有能力，亦有精力、有愿望将自己的人生打磨成一个圆形，谦和温润却不至让人看轻；才思敏捷又不令人嫉妒。

如果说黛玉是浪漫主义者，心比天高却又存有尘世中炽热的感情，那么宝钗一定是位洞明的现实主义者，她懂得如何将自己的才思进行加工以契合社会和家庭的需要，也深谙隐匿锋芒、“不干己事不开口，一问摇头三不知”的必要性。宝钗是有人生大智慧的女子，知进更知退，有才情更有理智。她在贾府复杂的人际关系网中游走，可算举重若轻：事事办得妥当完美，用尽心思，仍叫人乍一看似是无心而为。有人说黛玉是“大俗若雅”，宝钗则是“大雅若俗”，这未免太贬低黛玉了些，然而却不无道理——宝钗对于这个世界的认识，实际上要比黛玉透彻得多。她太了解“大势所趋”的概念，所以纵使每每在诗文中透露出愤世嫉俗的情怀，终于还是复归于顺其自然的平静。

宝钗对于社会的态度，少了黛玉惹人怜爱的幻想，她以为这样便可以使她免于经历一个明眼人在乱世中所必需的浮沉。

她的确懂得很多。但是她忘了，既然大环境下的所谓仕途宦达、举案齐眉都已成为冥冥之中不可避免的命运，面对贾府的坍塌，她又如何得以逃脱？

宝钗不是缺乏有如黛玉、晴雯般的“抗争精神”，而是她比黛玉看得更通透了一层。她从为人处世中渐渐地明白，有许多话，是要忖度着说，或者抑制着不说的。诸如“眼前道路无经纬，皮里春秋空黑黄”的话，写在吃螃蟹的场合，博得的是一阵痛快和众人叫绝；而写在科举的答卷上，恐怕便又是另一番光景。她深知了底线，便也就小心翼翼不去逾越一步。以宝钗的洞见，是足以看到新旧时代交替的讯号的，可她没有勇气为之摇旗呐喊。

时代的要求，总要有人站起来的，她对自己说。

她猜对了，却不愿意当那个站起来的人。或者说，她依然少了种“人固有一死”的气魄和胆识。

只是，我依然要为宝钗说话。她固然是先知先觉者，但也更是金闺花柳质的大家闺秀。身处于这样一个大家庭中，受着适合于旧时代的教育，有如此的见识是她的天才，而没有与之相应的魄力并不是她的过错。

她只不过尽己所能为自己设定了一个圆圈，温和的，不刺伤人的圆形。圆外是危险，圆内是安全，她愿终生居于此，守住自己在乱世中的幸福。

但也守住了命中注定的悲凉。

读《谈中国诗》

李子琳

（一）“易尽”里望见了“无垠”

在以五言和七言为主的中国诗中，五言多是以淡远取胜，而七言多是以情取胜。当然这绝非定论，五言抒情，七言淡远者亦有之，不过，于数目而言，远少于前者而已。所以我们姑且先这样说。并非五言不能抒情，七言不能淡远，而是五字与七字之间的音韵奇妙地限制了它们，使我们读之不同，作者写之不自觉地将情感转变。七言句觉掩沓，便挥笔斩去二字，顿觉清明，同时自然味道就变了；五言句读之觉意味不足，沉思添上二字，情言自然就深了。

于这“易尽”里读出“无垠”的感受，我以为在五言的诗中更甚些。

中国的诗里喜欢以疑问作答，“未知何岁月，得与尔同归”，这一个“未知”，撩出多少不得归的悲伤；“不知春色早，疑是弄珠人”，早梅开而“不知”春至，只为引出这一个“弄珠人”，一腔喜意，尽付笔端；“暗入商山路，樵人不可知”，多少幽然情感，随一个“不可知”而静默于空翠之间，入耳似听到萧萧竹声，沙沙叶落；“夜凉谁咏史，空泊运租船”，这不知何处之音，似从天外而来，其实不过是作者的心中之音罢了。每一问，似问又非问，诗人心中早已有了答案，这荡气回肠的一问，倒似是“用尽闺中力，君听空外音”一般，引我们去听诗人心中的画外之音。

中国诗中有许多看似公式一般的诗句，无数诗人都曾经用过，譬如

“可怜江浦望，不见洛桥人”“伤心江上客，不是故乡人”“遥怜小儿女，未解忆长安”之类云云，像“怜”字就用得很多，除了表达作者的慨叹——大多时候都不止于此，更多的是一种转折，为此句奠下一个伤怀的基调，怀一颗悲悯之心向后读去，离别之苦、思乡之恨才能更加深刻地印入读者心中，同时更好地把握诗人的情感；同时重要的是生发出一种遥思，其实诸如“可怜”“遥怜”“伤心”之类的词语，完全可以用上一个动词或是形容词将之代替，比如将“可怜江浦望”改为“独来江浦望”，将“伤心江上客”改为“沅湘江上客”，将“遥怜小儿女”改为“鄜州小儿女”，但便仿佛一下将联想纳入桎梏，将意境套上枷锁了。

这里又涉及一个问题，就是所谓诗句太“实”。何谓太“实”，就是将意象尽铺于纸上，不留丝毫余地，反而使自己到了山穷水尽的地步，也使人读之索然而无味了。“可怜”“遥怜”“伤心”这一类可以算得上是一种“虚”词，将背景虚化，何处江浦望？何方江上客？且不去管他！只须听到浩浩水声，悠悠我思，悲风飒沓，桨声欸乃，只须看到我一腔满怀愁绪乡思！这不是中国诗的公式，更不是中国诗的套路与刻板，而恰恰是一种延伸，一种遐思的引子，引我们去看那“易尽”里的“无垠”。

“田园诗，不是浪漫主义神秘的恋爱自然，而是古典主义的逍遥林下。”谈到五言就不得不谈田园诗。

的确，中国的诗人并非简单地歌咏自然，歌咏的，其实是人与自然。田园诗的诗句中，不管是在明或者在暗，总是脱不了“人”的因素。譬如“松风吹解带，山月照弹琴”“山路元无雨，空翠湿人衣”，人虽未明写，却是这一切景致的主体。

有时诗中的“人”又作为风景的一部分出现，他们的风骨就代表了这一片景物的性格。比如“偶然值林叟，谈笑无还期”“孤舟蓑笠翁，独钓寒江雪”，景中的“人”已经不仅仅作为一个与我们相同的人而出现，他们的出现，更是作为一种与景物具有相同意蕴的意象。他们已经成了一种审美符号，就像“渔樵”的存在之于山水，恐怕在诗人眼中早已浑然一体。有山水必有渔樵，有渔樵，则更佐证了周遭必是一片明山秀水。至于衍生出的“渔樵文化”，更是对诗人们影响深远。后来渔樵隐隐成了见证历史的隐士风度的代表，在词中的体现更令人们广为熟知：“白发渔樵江渚上，惯看秋月春风。”杨慎这首词被引为《说秦汉》的开场词，后又成为《三国演义》的主题曲，其感染力可见一斑。

由此可见，写景常常是为了“写人”，即诗人自己抒怀表志；但有时，写人恰恰是为了写景，有了“人”存在的景，才更为生动，才拥有了属于自己的性格与风骨。

我们的文化中从未将人与自然分开，讲的总是“天地人三才”“天人合一”，追求的是二者的和谐，而非纯粹的爱恋，单方面的歌颂。我以为儒家的影响对中国人来说是深远的，我们的隐者常常是“避仕”而非“避世”，隐居之人很多是郁郁不得志之人，而春风得意的人多居庙堂之高以民为忧，又有谁愿意独对空山逍遥林下。所以有时读起田园诗，还是会莫名地感到一种怅然。

一样的意象，在中国诗中，却总能咏出不同的意韵来。譬如在浩如烟海的诗中占得一席之地的送别诗，“荆吴相接水为乡，君去春江正渺茫。日暮征帆何处泊？天涯一望断人肠”与“故人西辞黄鹤楼，烟花三月下扬州。孤帆远影碧空尽，唯见长江天际流”这两首诗，在意象上大体是一致的，然而读之味道却全然不同。同样的是江、帆，前者读之有悲暮之感，后者读之却觉胸臆辽阔。我以为差别在乎诗外，非是意象上的差别，而是给予读者的联想。读过二首诗，闭眼回想，前者是落日西沉，孤帆停泊，飘零无依；而后者是水天相接，烟波浩渺，一抹远帆消失于旭日升起之处，好一派江天寥落！所以有时功夫在诗外，一首诗的好坏，有时并非遣词造句，而在乎境界与遥思，而这恰恰是只有经历才能给予一位诗人的。

时光蹉跎，岁月沉浮，有时并非苦难，而是上天给予一位诗人的礼物。

（二）诗的力量

“故国三千里，深宫二十年。一声何满子，双泪落君前。”

我对诗词语言力量最初的震撼，源自于这首诗。

空间上的跨度，是足足“三千里”；时间上的相隔，是整整“二十年”。开篇两句，在宏远辽阔中，累积下的是一层一层厚重的悲怆感。这种悲怆感，是一步一步走向与故乡阻隔千里的哀愁，是一步一回头，亦是日复一日愁上加愁的叠加，是新愁换旧愁。

只两句，便足以震撼人心，仿佛被拉到极致的弓，圆得不能再圆的满月，下句再如何承转，似乎都会成了遗憾。

然而后两句是：“一声何满子，双泪落君前。”

真正的震撼。

三千里远路，二十年深宫，似乎都是为了这一句何满子做的铺垫。

无可再深之恨，无可再厚之愁，都在这“一声何满子”中爆发了出来。这是怎样的震撼力！

若说前两句还只是单纯地描绘巨大的时间与空间跨度，给予人极大的震撼，那么最后两句，则是在一个针尖般大小的点上，让这垒叠于路远年长的厚重情感，在刹那间喷薄而出。

那一声何满子，似乎也重重地敲在了读者的心上。那双垂的泪水，在喷涌而下的瞬间，多么地灼痛人心。

这就是诗的语言的力量。

凡诗人写诗，大多是“物不平则鸣”，眼前有景，胸中有块垒，眼中之景，印在脑中，挥毫之时，要用文字来一一描述。这与作画不同，作画可以将眼前景色一一画在纸上，然而作诗，是将景化为文字。这个转化的过程，最考验功力。

这也是为什么用典容易，用成词容易，这是千年来前人中惊才绝艳之辈发现被众人认同而流传下来的词语，除了贴切之外，而且还有了无数次用典中不断被附加上去的情感，像是月轮外的一层光晕，是阐发于这个词本意之外的，也许朦朦胧胧，从未被定义过，却被大多数人潜意识里所熟谙。就像我们提到菊花，自然想到高节，提到梅花，自然想到风骨。

我们常说很多景是难以名状的，因为文字描绘出来的景与眼中所看到的景比，总归是不全面的。但文字别样的魅力在于，诗人在用文字表达时，是用情的。诗人所写虽然是景，但总会有他的情感暗蕴其中，像李纨所说，这诗是有“身份”的。

譬如李华《春行即兴》中的“芳树无人花自落，春山一路鸟空啼”，看似写景，读之却有无限寂寞凄凉。“自”“空”中实则还是暗蕴了情绪，令“花自落”“鸟空啼”，如何不让人悲从中来。

难就难在用文字描摹脑中景色的这个过程，很多诗读来，眼前登时能浮现出当年诗人所看到的那幅画面，然而细品其用字，又觉无理，但偏就无字可替。就像香菱读到“渡头余落日，墟里上孤烟”时所说，“这‘余’字和‘上’字，难为他怎么想来！”

字以成文，文以达意。“文字”二字，于学问之上含糊不得，因为情之于文章，如蛛丝游于天地，看似无形，实则连而不断，稍纵即逝，若是文字上有出入，情味便差之远矣了。

以文字抒情表意，最高境界即是“意在笔先”。何谓“意在笔先”？六朝之风向来不为后人所提倡，因为此时文字的作用已不是抒情，华丽辞藻的繁复堆砌与风花雪月的靡靡之音，使文章成为了一种文人们的文字游戏，早已失去了文字抒情的本真和真意了。意在笔先，便是胸中有情，呼之欲出，执笔之时，情意已凌驾于笔锋之上，在纸上挥洒淋漓了。这样的文字，读之才会有一股真意扑面，读之如含英咀华，沈浸浓郁。

意在笔先之后，文字自然就流转而浑成了。像老杜的“且看欲尽花经眼，莫厌伤多酒入唇”。乍读之，觉得语序不顺，“经眼”二字似是多余，而“伤多”二字按常理应在“莫厌”之前。但若单单按此种方法删改，成了“且看欲尽花”和“伤多莫厌酒入唇”，就算暂且不看格律，这两句亦是语意大变，连那一股子春暮的落拓与萧索也一并删改没了。

落花经眼，转瞬想到春日无多，花也欲尽，看之不忍，有点强看的意味，因此引出了一个“且”字，似叹惋伤怀，又似豁达潇洒，好一叹呢！“莫厌”一句首先以“莫”字开头，使整句都有些自我劝慰、自我解怀的味道；“厌”字看似激烈，实则是对酒能醉人而解千愁的勉强接受和对“伤多”的无奈。“莫厌”一词好，为何不用“偏喜伤多酒入唇”呢？若用“偏喜”便过犹不及了，一腔感怀与无奈，这种单纯的“偏喜”是无法表达出来的。

再如“香稻啄馀鹦鹉粒，碧梧栖老凤凰枝”。此一句比上句更奇。若是按照常人思维，写出来自然应是“鹦鹉啄馀香稻粒，凤凰栖老碧梧枝”，这便失去了一腔真意了。这也是老杜胜人之处。以“香稻”与“碧梧”为主语，看到稻粒散落，抬首正见鹦鹉于飞；碧梧如盖，遥想凤凰振翮，栖于梧桐，长唳九霄，想着老杜“坐看彩翮长，举意八极周”的情怀，端的是好一派秋兴气象！若是以“鹦鹉”与“凤凰”为主语，既不符合秋兴的主题，而且细细想之，鹦鹉啄食后振翅飞去，留一地啄馀香稻，何等萧索场面！如何与后文的“彩笔昔曾干气象”相衬应？

“炼字”一词，唐之前是没有那么重视的，到了宋才被人们所提倡。像秦观的“山抹微云，天连衰草”。那“抹”字用得极好，若是换成“山掩微云”抑或是“山蔽微云”，都不能表现出缥缈云踪、杳杳山痕了。诗中有画，画中有诗，俨然是横云断岭，白云出岫。后人因为这“抹”字太好，总觉得“连”字过于平庸了，便苦思冥想，终于炼出了一个“黏”字，改成了“山抹微云，天黏衰草”，以为极登对。

我却觉得经过这一“炼”，过于穿凿了，将整句恬淡开阔的境界破坏殆尽，只能说是“漂亮”，却再也说不上“浑成”了。“炼字”的本意是好的，是为了将本意更好地表现出来，而在逐渐的衍生中，也不幸沦为一种文字的奴隶，将情感铐入枷锁了。没有情感的炼字，所得的恐怕也只是沙上楼阁，美则美矣，不堪推敲。

观唐人“炼字”，“星垂平野阔，月涌大江流”，这个“涌”字，虽是在写月，可是读来却又似写江，将江的形态加诸于月，读来满篇是水，立即生动了起来。再如“香雾云鬟湿，清辉玉臂寒”，雾如何香，云鬟又如何因雾而湿？是女子在庭院中站久，发香浸入雾中，觉得雾也带了香；更深露重，望月久到微薄的雾气也将发髻打湿了，诗人之心，不可谓不苦，然而处处不露雕琢穿凿痕迹，是功力，亦是情之极点矣。

诗云："如切如磋，如琢如磨。"对文字的琢磨是一种态度，其中蕴含的是作者对文字极为深沉而庄重的尊敬感。但这一切的前提是将意于笔先，情于文字之前，这才算是真正的文学，因为真正的功夫在诗外，文字是"易尽"，而比眼前更广袤的，是意境的"无垠"。

石头沉没，缓慢而泰然自若

吕雅伦

昨晚去舞蹈学院看了北师大国际创意舞蹈研讨会的演出“纯粹与变异”。对于去看舞蹈演出这件事，我一直是怀着一颗比较紧张和敬畏的心的。在偌大的剧场里，向四面延伸的舞台、绚丽的灯光，一切都让我觉得这是一种让人敬畏的“艺术”。的确，无论是这几场舞蹈的理念还是表现形式，都是抽象多于具象，所以理解起来要费些心思。在观看整场演出的过程中，我不得不全神贯注，不得不不停地思考，用力去理解这些华丽的肢体动作背后传达的意境和深意。

从哲学的角度说，艺术是以直接的途径展现新形势与新象征。艺术家善于重新品味生命中永恒不变的素材，善于挖掘不断重复的生活内容中不一样的形式与象征，来表达恒久的情感，使人能够体验到生命的新意。

这就是为什么这些舞蹈能让人觉得出其不意。例如第一个舞蹈《浮石》。从一开始，一个男孩将口袋里的很多石头撒在地上，石头掉落在地上与大地碰撞，发出微妙的清脆的声响，混杂着沉重和轻盈。这一有些莫名其妙的动作，如果我没记错，在整场舞蹈中出现了三次，成为贯穿整场舞蹈的线索和舞蹈中情绪转变的转折点。舞蹈中，人们对石头表现出崇敬、惊喜、欢喜、惊吓、惧怕，然后再次接受，再次喜欢……我记得舞蹈最开始，舞台上只有一束聚光灯，那时候演员们对石头是一种近乎崇拜的态度，有些像对神灵的崇拜：人们把石头放在头上，平静地向前走去……还有一个画面令我印象深刻，那就是在人们欢快地舞蹈，以各种形式与石头接触的时候，突然像发现了什么一样，把石头扔到了地上。在间隔短促的几秒内，每一个演员都表达了这同样一种情绪，使这种情绪的反差显得很强烈。接着，她们把手中的石头还给了一开始的男孩。这场舞为什么要突显“石头”这一主题呢？这是一个值得思考的问题。舞蹈中表现的“石头”让我联想到了自然。石头是自然中的冰山一角，但可能在这里浓缩了整个自然万物。从原始时期，人们对自然的态度是崇拜，极度的崇拜以及敬畏。突然间扔掉石头的那个动作，体现的是一种惧怕，也类似于人类对自然的一种态度。同时，演员们在与石头的接触中也有着快乐的情绪，他们用身体的各个部分与石头接触。其实人与自然也是这样的，人在与自然的接触过程中也在享受着自然，逐渐与自然不可分割。其实，人类生来就是自然的一部分。在这场舞的介绍中写道：

“石头沉没，缓慢而泰然自若；在河床上，偶尔鱼会来敲打倾听。”

我很喜欢这句话，它有着一种宁静的美。很静很静，像是几千年前形成的石头，亘古地睡在这里，听着溪水潺潺，偶尔与鱼儿做伴，等着千年后的人们发现。舞蹈的最后，男孩把这些石头认真地排列成一行，然后走在石头上，就像是在渡河。自然是一种恩赐，人们可以用石头帮助自己渡河。自然从不说什么，也许它与人类相伴，但它并不在意，也许它默然沉没，但它仍然不在意。它有自己的规律，缓慢而泰然自若，兀自形成，兀自被打磨，兀自沉没，兀自消亡。

我不知道创作者对于这场舞的真正注解是什么。但一件艺术品的第二次生命，是观看者赋予的，也许一百个人会有一百种理解，于是这件艺术品就有了一百种不同的活法。欣赏也是一种创作，通过欣赏的方式，可以让艺术家的心不再孤单。越是抽象的作品，就会有越多不同的理解方式。艺术不该有所谓的“正确”与“错误”。我也明白，在观看过程中，如果一直怀着的紧张是因为担心自己无法体会创作者想要表达的意境和深意的话，那么这种紧张就是无谓的了。我想我该怀着最放松的心情，释放自己的想象力，反而这样，才最容易与原创者心灵契合，通过艺术领悟一种自由，让生命获得解脱，恢复人原有的完整性。

在《偶像》这场舞中，演员们通过夸张而滑稽的动作，展现了生活中的虚荣与自满。《皇帝的新装》是一条贯穿始终的明线，生活中，那些被自己的虚荣与骄傲蒙蔽了双眼的人们，则是整场舞蹈的暗线。“愿一切侍奉雕刻的偶像、靠虚无之神自夸的，都蒙羞愧”，《圣经》里的这句话，大概是这舞蹈最核心的一点。我觉得，虚荣与自满，该是来源于内心深处的自卑和不安。舞台上摆着一个象征着“皇帝的新装”的框，不那么自信的人，在框的面前便开始故作姿态，炫耀自己。接着，不穿衣服的皇帝上台了。台下的观众都知道，这是要演绎《皇帝的新装》的故事了。不过，这场舞蹈不是照搬《皇帝的新装》的剧情，皇帝固然是个主角，不过舞蹈中也同样体现了“众人”的表现。众人是故事中皇帝的大臣和侍从们吗？我想是，又不全是。“众人”的角色也很重要，他们与这个故事似乎连接又似乎脱离。因为整场表演中，“众人”有时候与“皇帝”遥相呼应，表现同一样东西，有时候又似乎在自己表演，与“皇帝”不形成任何联系。他们要表现什么？在内心绕了一圈又一圈之后，他们开始抽搐，开始茫然。在过度自满以后，人，就是会感到茫然无措吧。人们眼中的自己已经不是真实的自己，那么真实的自己，又在哪里呢？当台上的演员们表演织衣服的场景时，他们不光是在迷惑愚蠢的皇帝吧？我想，他们正在编织的，大概是可以麻醉他人也麻醉自己的隐形霓裳吧？就像在生活中，每个人编织着一个谎言，把自己当作世界的中心，让世人敬仰与崇拜。在滑稽的演绎中，每个人都沉浸在自己编织的谎言里。

最后，舞台暗了下去。一个人出现，把那个代表“皇帝的新装”的框拿走了。他是扭曲的。不同于一般意义上舞者的美丽姿态。这里的扭曲，却显现出独特的张力——虚荣和自满还是使人心变了形。

每一个经过反复琢磨的动作，背后都透着深邃的意境和独特的想法。当整个剧场的灯光暗下来，似乎这里面承载了整个宇宙的质量，我们处在黑暗中，就像身处于一个迷茫的蒙昧的世界，等待着舞台上亮起的星光，等待着去发现我们不知道的、我们还未曾理解的一切。“纯粹与变异”，何为纯粹，何为变异呢？艺术是纯粹的，舞蹈是纯粹的。变异，则是形式的不停变化。也只有不断展现“新形势与新象征”的“变异”，才能使舞蹈保持其艺术的纯粹。

我想，欣赏是升华情感的一种方式，是完整生命的一种方式，是释放自己的一种方式，是获取自由的一种方式。

人间是一座大监狱，每个人活在世界上就好像被关在监狱中的犯人一样。我们以为自己是自由的，事实上每个人都以各种方式为自己设定行走的范围。人有身体，不可能有真正的自由，需要靠艺术的审美才能通往自由之路。

走完一场悲哀

——读《雷雨》有感

赵静怡

三十年的漫漫时光，三十年的处心积虑，三十年的爱恨纠葛，终于在一场雷雨中轰然落幕。

谈到周朴园，人们总是感到十分复杂。三十年，无论身处何处，他都携带当初的家具，始终保持着夏天关窗户的习惯。即使家有万贯，他依然保存那件缝补过的旧衬衣。可当他再一次见到侍萍时，问的却是“谁派你来的”。说他自私也好，虚伪也罢，他身上的悲伤却是显而易见的。他希望通过自己的绝对控制，让自己的家庭美满和谐，但他终是没有享受到夫妻情深，也没有体会到父子亲情。三十年的独面内心悲哀，所有关于侍萍的回忆都自然而然成为一种习惯，一种安慰。这种感情与爱情的关系我说不清，但我相信这种感情定是一片深情。三十年的坚守，是曾经的最爱，还是偿还良心的负债？要有多无奈，才能三十年念念不忘？三十年的天光漫长，三十年的天各一方，三十年的悲哀的情感寄托！

谈谈命途多舛的侍萍，天真的她或许那时期盼能够幸福地过一辈子，却不料这样的社会容不下他们。她含泪被赶出周家大门时，怀里还抱着奄奄一息的孩子。她是可怜的，也是坚强的。她隐忍离开，却不料更大的悲剧就此伏下。女儿与儿子之间的爱情让她悔恨又无奈。她该怨恨谁呢？命运不公，还是天时不济？她不会埋怨，她平静地接受着一切，对的错的，她一人全部接受，全部承担。

想起了蘩漪，《雷雨》中被爱情伤得体无完肤的女子。曹禺先生在序中这样评价蘩漪："蘩漪是个最动人怜悯的女人，她不悔改，她如一匹执勤的马，毫不犹豫地踏着艰难的走道，她抓住周萍不放手，想重新拾起一堆破碎的梦而救出自己，因这条路也引向了死亡。"在《雷雨》的氛围里，蘩漪的生命像电像火，有它一样的短促，一样艳丽的火花，一样的美丽。她是一个最具有"雷雨"的性格的人物，她的生命交织着最残酷的爱和最不忍的恨。蘩漪将爱与恨的交织诠释得如此淋漓尽致，她就像是一朵在黑夜里悄无声息地绽放了的花，冷漠、诡异、妖艳。在这场雷雨中，她是罪人，也是受害者。她偏执地等待着爱，得到的却是无可奈何的恨。

这是一个注定没有结局的故事，它所包含的爱恨情仇与纠葛，却让所有的人心为之一颤。高大的院墙，厚厚的铁门，紧紧地锁住了一个家庭的悲哀，锁住了难以言说的秘密。门里门外，徘徊着两代人感情的纠葛，游走着两个家庭不断的恩怨。

那个雷雨之夜，爱恨交织，所渗透的气息让人不寒而栗。当雨停了，一切又回到平静。

雷雨过去了，人们在这里，期盼彩虹的出现。

《论语》，百家，中华文化

梅雪蕊

最初较为系统地读《论语》，应该是在初中了。初中时同班有位女生，爱好国学，课前演讲的时候会给大家讲《论语》中的片段。每周一次的国学课上老师也经常会讲《论语》，也有《大学》《菜根谭》等等，会在专门的练字本上用海绵毛笔一笔一画地仔细写这些篇目的段落，国学老师有时候也会在黑板上画卦画，讲“潜龙勿用”“见龙在田”“飞龙在天”。

到现在，接触得多一点，对《论语》也有了不一样的理解。

读《论语》，总会一遍遍被中国文化的早熟程度所震惊。那是关于两千五百年前的中国社会的白皮书，两千五百年间这早熟的文化却因其自身的博大精深、引人入胜而未曾有太大的变动，直至今日，它的当代价值也远远不逊于一切西方思潮。

时迁世易，不论世间的制度变了几重、国家的疆域拓展又割裂；也不论泥陶如何发展到南青北白和景德镇、木犁石镐怎么变成了大规模的耕作机器，先秦时期的思想从未被忘记，其中的原则也从来都能适应历朝历代的发展而得以留存至今。纵使科技的发展、生产力的飞跃在很大程度上是在近代直接从西方工业化的成果全盘接纳而来的，文化的传承却从不曾被切断。也曾遭到焚书坑儒，也曾受到明清思想家的抵制，也曾沦为半殖民地，也曾受到外来文化的大幅冲击，也曾批孔批孟、要全盘西化，但来自两千五百年前的文化却始终顽强地在代代中国人身上、心里传了下来。且在这漫长的时间洪流中大幅保留着先秦时的价值体系，至今适用。

中华文化是这样的源远流长，且一脉相传。

如今我们每个人内心还保有这样一份源自上古的泱泱东方大国的自信、大气、包容、好礼，实在应该归功于《论语》和孔子。

《论语》不仅仅影响着我们，更同样影响着秦汉唐宋元明清世世代代的人们。它作为儒家文化的奠基，决定了整个中华历史文化的形成和走向。董氏儒学、程朱理学、陆王心学，无不是在《论语》的基础上形成、发展的。人们总说经济基础决定上层建筑，社会存在决定社会意识，时代不同，思想也理应改变。但董仲舒、朱熹、王阳明所处的社会同样远远不同于先秦时连封建制度都未完全确立的、尚且算是奴隶制的社会，他们尚且满怀敬意地研读前代的儒学经典，又将其发扬、完善其理论体系，对于《论语》或不敢忘。我们又凭什么、为什么要以社会的变迁、生产力的提升甚至向外国文化学习为理由摒弃掉它？

经济全球化、政治全球化、科技全球化，人口迁徙甚至使民族、人种“全球化”，这样一切都渐渐交融、趋同的时代背景下，我们用什么保留自己的信仰？也许文化也会全球化，但至少在我们这一代，请竭尽全力保存这份传承千载、来自华夏礼仪之邦的中华君子风尚，请同先代无数文人一样，怀着敬意品读那个或意气风发，或淡泊失意，却一直“反求诸己”、心怀天下的先贤圣人的一生追求。并不必须认同、并不必须接纳，也并不必须苛刻地以其当作你的行为规范，但至少不应摒弃。即便是批判其不符合今世社会，也请满怀对当时那个忧国忧民的老人、那个奠基古代中国思想价值体系的老师的感恩。

不过，我其实并不是《论语》的脑残粉。

在我看来，虽然儒家学说一直作为中国主流思想流传，直到如今仍被尊为国学、列为各种考试必备，但在春秋战国时期，它的价值同其他百家思想是一样的。从历史上直到今天，我们总夸大儒学的价值。但对我来说，道家、墨家、法家同样蕴含着古人无尽的智慧。因为某些原因，儒学是形成中华价值体系的核心力量，但其他学说的价值也不应被忽视。

一遍遍读《论语》、考《孟子》的同时，是不是应该多一些对道、墨、法的重视？在现代社会因政治原因“罢黜百家、独尊儒术”，是不是同一味推崇西方文化崇洋媚外一样，是一种变相地对于传统文化的摒弃和不尊重？历史上儒学从百家中脱颖而出、被代代君王和人民所选中的理由我一直不太明白，今天我们独学儒家、半点不提老庄墨韩的理由，我也一样不太明白。

对于传统文化的敬意、对于源远流长且一脉相传的中华文化的保存、对于中华民族独特信仰的坚持，也应体现在对其他学说的一视同仁中，而不仅仅是反复地背默孔孟。

当今社会，面对外来文化和现代文化的冲击，我们应满怀敬意地研读、传承孔子的《论语》和儒家学说，但对于和《论语》一样传承千载、来自华夏礼仪之邦的中华百家思潮，也请不要直接摒弃！

愈到深情愈从容

杨紫茉

我未能有幸与毛主席生在同一个年代，未能瞥见一代领袖伟岸的背影。他曾一度成为旗帜，成为信仰，又一度功过难定，是非难评说。课本、纪录片那套路式的话语让毛泽东成为一个形象，永远地、陌生地、平面地被定格在历史的片段中。直到有幸读到他的诗——历史人物的诗作，就像一个史学家“梦寐以求的第一手史实”——诗，是作者当时心灵状态的外延，是他的读者被时光的距离阻挡后，走向诗人的唯一方式，更是一种揭开幻想与神秘的豁然开朗。

敬佩毛泽东，就从他的诗开始吧。这是我读完《沁园春·长沙》的强烈感受。爱他气势豪迈奔放，吞吐万象，立意高远；或爱他思考深邃，立足天地。细读《沁园春·长沙》上阕：

> 独立寒秋，湘江北去，橘子洲头。
> 看万山红遍，层林尽染；漫江碧透，百舸争流。
> 鹰击长空，鱼翔浅底，万类霜天竞自由。
> 怅寥廓，问苍茫大地，谁主沉浮？

正像几帧静态的画面在连续播放，徐徐前进，每一幅图景都饱满真实。“独立寒秋”，一个人立于天地之间，望着湘水向北流去，直到天际，目光也随水留给远方。“万山红遍，层林尽染”，“遍”与“尽”既是空间的由近及远，又是时间的久久酝酿，用红色来一一涂抹。“尽”给人一种向深层渗透的缓慢感，看得久，才会感受到。接着目光低垂向江面，漫江又拉开了视觉的广度，又让“碧”与“红”相配，简单的字句，自然的纯粹之美在动与静的交织下展现。接着渐渐放快行进的速度，鱼儿、雄鹰、宇宙万类都自由地畅行。“怅寥廓，问苍茫大地，谁主沉浮”，大业未竟，胸中自然苦闷，悲愤难解，毛泽东在问天问大地的时候都展现出宇宙的广阔，也许他的思绪久久不能回过来。

这自然是一首在革命处于低谷、渺茫而自励的壮志诗篇，而我则在毛泽东下阕的群情激奋之前，在上阕的诗行间体悟出大家的笔法从容。可以想象，自己的革命方针暂时失败，作为一个为革命的前途考虑，不得不选择逃离的诗人来说；回望故里，相逢难定的壮士来说，那一刻又怎不会激昂悲愤，信心坚定？一首短短的诗篇又怎会写够心中的一切。但毛泽东选择了淡定和从容，选择将笔墨留给自然山水，眼中之景就是心中所想，倾注字字句句，不急于向外舒展。这正是大家风范，在一个宏大的场面或情感面前，在自己和他人期待之下，依然顺其自然，从容地写好细节，不心躁，不慌乱，深情自然喷薄欲出。

他并非刻意地压制，多年的革命磨炼，早已让曾经“风华正茂，书生意气，挥斥方遒”的少年学会将理想暗放在心中，脚踏实地，从容地向前追寻，纵使“浪遏飞舟”，也能够泰然自若，宠辱不惊。这是从诗中读到的毛泽东，我也坚信也正是这份从容淡定，让他能够宁静致远，一步一步在山重水复疑无路之时，柳暗花明。

下阕，是在提醒自己勿忘当年的意气，上阕，或者毛泽东的整个心境是在告诉自己望向未来的稳重。

要像我爱你们那样彼此相爱

袁瑾桐

读了加缪的《局外人》。

杀了人的人，受到了审判。如果简略地做概括，那么《局外人》大概就是这样的。

所谓杀人动机——如果有的话——是因为当天“阳光过于刺眼，使我心烦”。这听上去像是无稽之谈。在这件事上，媒体和陪审团也拒绝相信。他们努力地试图找到主人公杀人背后的“原因”，也终于找到了：数日前，主人公的母亲去世了，而在母亲的葬礼上，他表现得无动于衷，仿佛不难过似的。理所当然地，他们认为，母亲死去也不感到悲伤的人，必定有一个冷血的灵魂。

我看了一些文学评论，无外乎是对加缪存在主义的写法分析一番，并且指出《局外人》里主人公的境遇是出于人在社会中的异化。这当然好。不过，鉴于今天是一年一度的母亲节（关系甚微），就让我们暂时抛下文学评论的术语，仅就主人公对母亲之死无动于衷这件事做些阐发。

主人公对母亲的情感是稀薄的。我们不妨说，他对一切事物的情感都不太浓烈：对母亲如此，对约会的女友如此（他明确表示“我不爱你”），甚至对于整个自然和社会都并不抱有什么温情。我记得《月亮与六便士》里的主人公（画家高更的原形）曾经这样说：“这里是我出生的地方，但我的灵魂不属于这里；因而我虽然诞生于此，此地却并非我的故乡。”然后他便流浪到海岛上画画去了。所谓人的“异化”和无归属感，表现出来大概就是这两位主人公的样子吧。

“耶稣离开人间的时候说，我走了，我去的地方，你们不能去；但我命令你们，要像我爱你们那样彼此相爱。”基督教如是地教诲世人。这是宗教鼓励人们进行社会化的办法。

但如果《局外人》的主人公看过这段话，他或许会不赞同地撇撇嘴。我可以理解他的想法：不仅对耶稣的教诲没有什么感触，并且拒绝社会化、拒绝“形式”。主人公临上刑场时，神父为他祈祷，他却认为很烦；神父说“我的孩子，我爱你”，他却以为奇怪，“我不是你的孩子，你也不是我的父亲——我的父亲早就死了。”就像尽管别人认为他荒诞，他也认为别人荒诞，彼此排斥而不能容。

但是，母亲死而不哭，自己将死而不忏悔，这种所谓异化，真的应该成为道德评判的标准吗？世俗世界是否只是在用普世道德绑架处于其中的人？母亲死，应该哭，这是否已经陷入了米兰·昆德拉所描述的“刻奇（kitsch）”状态？

由此我想到期中考试史铁生的文章。尽管再多的人宣称形式和内容就像一片树叶不可分割的两面，我依然疑惑。一方面，由于“世界的物质性”，我们知道内容依赖于形式而存在，而形式又促进内容；可另一方面——让我们想想吧，形式是否存在，对于一颗炙热的心灵来说有什么影响呢？对于一颗冷漠的心灵来说又有什么影响呢？既已有了“怀念母亲”这一丰满的内容，又为何要追求那个终将消逝的形式呢？——追求“安葬”，这是否也是一种“刻奇”呢。

这似乎形成了一个二律背反，要上升到哲学高度了。我尚并不能思及如此深刻的话题。

仅就我个人而言，我恐怕得说，我更赞同这个“另一方面”。对于史铁生深沉地爱着母亲的情感，我无意不敬；使我感到疑惑的是他对形式的重视。虽然并不想陷入“追求形式等于刻奇”这种极端的思维里，但我似乎正在向这个方向接近。

汪老先生的浪漫主义

姜惠雯

原文如下：

> 我们那里的人家预备炒米和焦屑，除了方便，原来还有一层意思，是应急……那一年，党军国民革命军和联军（孙传芳的军队）在我们县境内开了仗……而我对这种打破常规的生活极感兴趣。晚上，爬到吕祖楼上去，看双方军队枪炮的火光在东北面不知什么地方一阵一阵地亮着，觉得有点紧张，也觉得好玩。很多人家住在一起，不能煮饭，这一晚上；我们是冲炒米、泡焦屑度过的。没有床铺……这实在是我小时候度过的一个浪漫主义夜晚。

这段文字记录在了汪曾祺的一篇《炒米和焦屑》中。本是写炒米焦屑的，本是记载暖老温贫的小食的，但我却对这一段话嚼之千遍。

作者是去“道士观”避战火的——他却认为这是他度过的一个浪漫主义的夜晚。党军和联军就近在咫尺地刃火交互——但他却爬到吕祖楼上，颇为好（读之四声）玩地观战……

汪老先生为什么说这是浪漫主义？像“避战火”这种事情从来不容许有什么浪漫的想象的。

可是，你又不能批判汪老什么。他是那个年代的人，经历的战火不下百次，他言“浪漫主义”，就一定有他的道理。

也许，这样才真实罢。那时他还是个孩子，他写出的就是孩童特有的状态——无知地“冷”望。因为他还小，颇为不懂，所以他不明了战争的内涵与广延即战争意味着什么和战争将带来什么，所以他会夜晚爬到道士观的阁楼上向外望着，静静地赏析着，不会为此落下热泪，因此他是在“冷”眼观望。

我现在到底担心着什么，我担心的是我们现在的国民，每一个都是汪老文章中的小孩；每一个，在战争真正来临时，开始无知地“冷”望。到底不是我们多么的怯弱，而是我们真的没有意识，还在问：真的打起仗来了？

的确，我们安定过久了，从而对于战争的意识与恐惧，也都化为了符号。也许，突然打起仗来的一天，我们真的会爬到“吕祖楼”上观战罢。

有些人未免还在侥幸地想，战争也许不会再发动了，或是早已变为了精英的战争，用无伤亡人员为特点的现代化战争解决用喉舌解决不了的政治问题。

这些人用仅仅“中国本土无战事六十多年”的证据臆断推出了一个跨度为永久的结论，实也荒谬。喉舌解决不了的政治问题付与精英的战争，如果精英的战争再解决不了的，难道还会回到谈判桌上吗？

更何况，精英的战争难道就与我们无关？无知地“冷”望不仅适用于近在咫尺的那个火光交互，也适用于远在南海的精英的战事。我们照样会无知地“冷”望着报纸的报道——一个远在南海的战争，“冷”望的“冷”甚至有更甚的趋势。

我想说的，是我们真的很难有战争的参与感。我们这一代代——起码是目前顶梁的一代，已经是没有战争记忆的一代了，我们最终会报以什么态度看待战争，真的很难推测，但是，这样无知地“冷”望——并非怯弱，也许不会少。

这是多么可怕又可悲啊。

师百态，作文章
——读《从文自传》

李子琳

当我学会了用自己眼睛看世界一切，到不同社会中去生活时，学校对于我便已毫无兴味可言了。

——《从文自传》

孩童的眼睛，应该是投向自然，投向社会，投向世界的——而不是一方小小书桌上用书墨印制的课本。

自己去听，去想，以自然为师，学到的知识才是最纯粹的，才真正是他自己的。诚然，在学校中学到的知识是历代先贤们的知识与经验的总结，可以带领一个初生的孩子少走许多弯路，但这种教育的方式，很容易就流于表面。孩子们照着课本念："鹅，鹅，鹅——曲项向天歌——白毛浮绿水，红掌拨清波——"看着书本上那张呆板的插图，一只雪白的大鹅在水中扑扇着翅膀，既无情亦无趣。

这在当今社会恐怕已经是迫不得已的必然了。千年前孔子也曾在洙、泗之间弦歌讲学，教授弟子，留下"胜日寻芳泗水滨"的典故。而我们从小就生活在汽车高楼的夹缝里，在人工铺设的草坪和天天打扫的绿化带中勉强地嗅着自然的味道。对自然的认识与理解，也不过是纸面上的而已。也许在"白毛浮绿水，红掌拨清波"的诗句里，还能用仅剩的想象力，构想出那盎然成趣的田园画面。

但对于生在湘西灵山秀水之间的沈从文，大可不必用如此窘迫的方法。在他幼年逃课生涯的记忆里，有河中的鳜鱼被钓起离水以后拨刺的情形，有天上飞满风筝的景致，有空山中歌呼的黄鹂，有树木上累累的果实。

“我就欢喜看那些东西，一面看一面明白了许多事情。”“我的心总得为一种新鲜声音、新鲜颜色、新鲜气味而跳。我得认识本人生活以外的生活。我的智慧应当从直接生活上吸收消化，却不需从一本好书一句好话上学来。”

这也是孩童的特权，只有真正的自然，才能扣动孩童的心灵，带着人永远地趋向大自然的天性，用一颗纯净的、敏感的心去感受。这也是只有孩童才能从自然中学到的——人生最初的启蒙知识。

在每一次流连在课业之外的世界中——也就是真正的世界中时，没有熟人，也不懂得太多知识，“什么事皆只好用耳朵去听，眼睛去看，直到看无可看听无可听时，我便应当设计打量我怎么回家去的方法了。”对于自然，纵然我们有无数的科学知识唯物理论去解释它，但在面对自然时，我们每一个人都是个孩子，每一个人在最初对自然的学习中，所拥有的，也不过是一双摸索的手，一双好奇的眼睛，一双倾听的耳朵，在不断的疑惑与迷茫中逐渐走向成熟。

他每次逃课的经过，约莫便是这样一个过程——逃课，玩耍，被罚。

这样再简单不过的流程，其中却包含了一个孩童思考的过程。

为什么要上学？这是对现有情况的质疑。他开始探寻现有状况存在的合理性。这也正是沈从文在书中提到的：“家中不了解我为什么不想上进，不好好地利用自己的聪明用功，我不了解家中为什么只要我读书，不让我玩。我自己总以为读书太容易了点，把认得的字记记那不算什么稀奇。最稀奇处，应当是另外那些人，在他那份习惯下所做的一切事情。为什么骡子推磨时得把眼睛遮上？为什么刀得烧红时在盐水里一淬方能坚硬？为什么雕佛像的会把木头雕成人形，所贴的金那么薄又用什么方法做成？为什么小铜匠会在一块铜板上钻那么一个圆眼，刻花时刻得整整齐齐？这些古怪事情实在太多了。”

逃了课后，他面对的便是广阔的天地了，他在自然中、社会中、真正的大千世界中用自己的方式进行着学习。他这样说："我就欢喜看那些东西，一面看一面明白了许多事情。"这许多事情，也许是课本中没有的，也许是课本中拥有的。但课本中强调再多遍，也比不上一个孩童用自己的眼睛、自己的手，在外面广阔的世界里自己学习到的。

被罚这本不是常有的，因为他定然早早就想好了借口，如果糊弄成功，他自然不必挨罚，但若有那不幸之中的万一，被家里人发现了此事，那便只得跪在孔子像前烧一炷香表示忏悔，然后自己到空屋里面壁。但这不幸之中，却又有万幸，沈从文是这样写的："有时又常常罚跪至一根香时间。我一面被处罚跪在房中的一隅，一面便记着各种事情，想象恰如生了一对翅膀，凭经验飞到各样动人事物上去。按照天气寒暖，想到河中的鳜鱼被钓起离水以后拨剌的情形，想到天上飞满风筝的情形，想到空山中歌呼的黄鹂，想到树木上累累的果实。由于最容易神往到种种屋外东西上去，反而常把处罚的痛苦忘掉，处罚的时间忘掉，直到被唤起以后为止，我就从不曾在被处罚中感觉过小小冤屈。那不是冤屈。我应感谢那种处罚，使我无法同自然接近时，给我一个练习想象的机会。"在外面玩耍了那么久，许多因自然而在一刹那间萌生的感触，都来不及细想便一闪而过。大自然中新鲜的事物总是太多，于是在这小小静室之中，一个小小孩童，开始了可能是他人生之中的第一次内化的过程。

这般的逃课生涯，我们也许会思虑很多，但对于一个孩童来说，哪有那么复杂，不过就是有趣而已。《从文自传》中有这样一句话："照家中规矩，一落雨就得穿上钉鞋，我可真不愿意穿那种笨重钉鞋。虽然在半夜时有人从街巷里过身，钉鞋声音实在好听，大白天对于钉鞋我依然毫无兴味。"对于钉鞋这样一种碍事的物什，在沈从文眼中，它唯一的作用竟是在半夜从街巷里走过时所拥有的悦耳声音！这是怎样一种童趣！这样细微的观察力与入微的感知力，恐怕我已经是没有的了。这是孩童独有的与世界的交流方式，没有那般童心，怎么可能感知得到？

也许我们常常说的淘气的孩子点子多不是没有道理的，淘气的孩子，这般逃课的勾当恐怕干得也不会少吧？他们与那些坐在书本面前的孩子自然是不一样的，他们的思维、他们的眼界，恐怕也与那些孩子大相径庭。

所以有时候他们会表现出我们难以想象的敏感，他们问出来的问题，有时也尖锐得让人无法作答。这一段是沈从文在小城的辛亥革命爆发后，面对满地人头，向他父亲发出的询问："我并不怕，可不明白为什么这些人就让兵士砍他们，有点疑心，以为这一定有了错误。为什么他们被砍？砍他们的人又为什么？心中许多疑问，回到家中时问爸爸，爸爸只说这是造反打了败仗，也不能给我一个满意的答复。我当时以为爸爸那么伟大的人，天上地下知道不知多少事，居然也不明白这件事，倒真觉得奇怪。到现在我才明白这事永远在世界上不缺少，可是谁也不能够给小孩子一个最得体的回答。"

这个问题听起来多么简单，但是又是多么的一针见血！我们常常将一个问题复杂化，比如战争，我们将它上升到政治、经济、文化的各种层面分析它，甚至每一方面的专家都会各执一词，但一个孩子问出来的话，便将我们质问得哑口无言："为什么他们被砍？砍他们的人又为什么？"

为什么要战争，恐怕真的没有人能说清楚。就连问出这个问题的沈从文长大后，也只能喟叹，这事永远在世界上不缺少，可是谁也不能够给小孩子一个最得体的回答。也许是因为这个问题太过复杂，也有可能是因为他也长大了，见过了太多人世间的人与事，被太多的事物萦绕住了心灵，连自己，也再也不能给自己一个同样的回答。

雨巷中的暖

——读《雨巷》有感

张云霁

窄窄的江南小巷，一个姑娘，撑着一把油纸伞，在雨中——漫步在那寂寥的雨中。巷子深深，她在这冰冷的雨中带给他无限的温暖，哪怕她给他的只是一个太息般的目光。

我并不认为作者真的见过他所描述的那个丁香般的姑娘，就算遇到过，想必也不是在他所描述的那条窄窄的雨巷。在江南那种窄窄的巷子里，应是无法让两个撑着伞的人擦肩而过的，就算可以，那画面也应是极尽尴尬的：这个千方百计避开那个，那个也绞尽脑汁避开这个，两把伞来回躲藏，无处可躲地碰触，伞上的雨水溅落，湿了人的衣襟。这样那姑娘经过他的时候一定不只有太息般的目光。所以，我想，这个姑娘应该是作者自己想象出来的，透过墙壁的那边，有一条宽窄相同的窄巷，一个撑着油纸伞的姑娘默默向他走来。周围的一些都是静谧的，只有雨滴滴落的声音。就当她将与他擦肩而过时，站在墙那边的她好似突然感受到了什么，抬眼望去却又发现只是一堵墙，于是透出太息般的目光。而站在墙这边的他却在这一目光中感受到了温暖与爱。

我对温暖的感悟是由于那比喻——丁香。在课堂上，曾经为诗中的丁香是什么而争论，我愿意相信那是丁香花。我从小见的大多都是北京丁香，白色的小花，一嘟噜一嘟噜地长在嫩绿的叶中，远远地便能闻到它的幽香。那种香味似乎有一种魔力，它能让躁动的心平静下来，却又不是死一般的沉寂，而是满怀希望的和平，可以说丁香是一种激励。同时，丁香在中医中有着重要的作用，最主要的就是温中驱寒，而雨天，特别是南方的梅雨季节正是寒气最易入体的时候，丁香却能在这雨季为寒冷的人们带来温暖和力量。

至于这其中有没有爱情，我想应该是有的。费尔南多·佩索阿曾写过一首诗叫作《没有人爱任何别的人》，其中有这样一句话："没有人爱任何别的人，他爱在别人的身上寻找属于自己的东西。"有很多人觉得这句话说的是爱的自私和无情，我却愿意把它理解成对于爱开始的诠释。雨巷中的他遇到了与他有着一样愁怨的姑娘，正是这种共性使他们有一种惺惺相惜的感觉。然而，正是因为这种感觉太过美好，他选择不去触碰它，不去开启它，只是让这份美好的感觉埋入心底。没有人知道对方的全部，何不在还没有深入了解前就结束这个过程，留存这份美好。

如果相识，不能相恋，是不是还不如擦肩。

末世凤凰难自舞

赵静怡

她粉墨登场。她死在繁华残落的阴影中。她的一生无论高低起落总要充满热闹，可最终却风华散尽，死得寂寞。身是凡鸟，心似凤凰，终是归于落幕后的静默。

在黛玉进贾府的第一天，偌大的森严中，王熙凤一声长笑打破了这种肃穆，于是展现在众人面前一个衣饰华美、幻若神仙妃子的女子。这个女人仿佛是从这个时刻起让所有的人都吃了一惊。

“我做的事我自有计较，我能为了什么？”秦可卿离世，王熙凤被邀请协理宁国府，她的治世手段尽数展现；停灵铁槛寺，自收入三千两，弄权敛财，而人命于她等同草木。这样的她，精明能干，爽利背后，刀藏于心。

“你们瞧得见大观园姹紫嫣红，瞧得见主子绫罗彩缎，却瞧不见人心的算计。”对于大家族的女子，她无不透析。她深识黛玉尖刻下的清澈，宝钗沉稳下的暗涌，湘云的一派天真，探春的智慧，迎春的沉默。她明白袭人心系宝玉，晴雯虽骄傲却无狐媚。对于邢夫人的高压，王夫人的偏爱，对于大嫂的明哲保身，她不置可否。贾府上下诸般人等她心中皆了若指掌。巧语含笑，字字扣入人心，八面玲珑。

“我能说什么，二爷在我诞辰时偷人我能说什么？二爷杀我。”当她生日之期，贾琏竟与别的女子欢好，恣意诋毁，心中大怒，大打出手。及至贾琏在外偷娶尤氏，愤怒立刻变化成毒手无情，假意贤良接尤二姐进府，借小妾秋桐之手坐山观虎斗，水过无痕地就断绝了尤二姐的生路。众人说她心狠，可谁又看到她的无可奈何。

贾府被查封，同时陈年旧案翻了出来，她的一切荣华美梦至此结束。在狱神庙的关押里，她尝尽了众叛亲离。诸般罪名，哪怕她再巧言也无从辩驳，因为已没有人再去倾听。

她确有才干，仿佛她的一生都在绵绵不断的行走中，没有那么一个时刻停下来和周围闺阁中的那些女子一样体会岁月的沉静和忧伤。

命运给予了她诸般美好，在渐次衰落中，捉襟见肘和心力使尽，使她看到了无限风光的背后，她没有力量力挽狂澜。

容颜绝代却无法挽住夫君的真心，手段高明却无法庇护自己的女儿。在她的骄傲里已经造成的错误无法挽回，那些背离的抛舍和落井下石又让她锥心疼痛。这一刻她明白了，原来积德行善确有其事。她无怨无悔地赴死，因为她把此刻当成往日孽报。

但她无法瞑目，因为人生里还有最后一个角色——巧姐的母亲，是命运给予她的唯一的永恒。

当一卷破席包裹了她的身体，划过冬日的雪地，任由谁也无法忘却那个落寞的悲哀。

她累了。

人生如戏，她盛装唱得太久，笑得太累。

《论语》感想两则

袁瑾桐

（一）侍坐篇

原先很仰慕所谓魏晋风流，对竹林七贤等士更很怀着一种向往，为此专门去翻《晋书》，这是初二的事。大概是因为心中某种隐秘的自以为不俗的幼稚感情作祟，我竟在期末两场考试的间隙、在周围弥漫着考前紧张焦虑气息的时候读了《嵇康传》。里面有一段话，当时以为颇妙，立即背下来；印象之深，现在仍能记得大概。这段话是嵇康不愿做官，陈说心迹的一篇文书里的。原文如下：

> ……今但欲守陋巷，教养子孙，时时与亲旧叙离阔，陈说平生，浊酒一杯，弹琴一曲，志意毕矣。

在考试的沉重压力下，内心怀着想远避世俗的理想的我，读了这一段后被深深地打动。它使我充满浪漫主义式的美好幻想：午后的阳光洒进偏僻的小巷里，像洒进任何康庄大道一样的慷慨；三五知交故人在大树的荫蔽下聚集，浊酒一杯，弹琴一曲，回忆共同经历的美好或悲伤的往事；小孩子在旁边跑来跑去。

多美好的画面。我当即奉其为人生最高层次的终极。

但现在却不太这样想了。嵇康的选择到底是乱世下无奈的自我安慰，他与《论语·微子第十八》里几个隐士做了同样的选择。这无关对错，动荡的社会原本就是士人选择归隐的最大动因；但年轻气盛者，如子路、如我，却似乎更愿怀着热血的理想，做些积极的尝试。虽然子路自己说“道之不行，已知之矣”，但仍然想要做尝试，因为他的“道”是自己不忍于放弃的；于我亦然。

而且我想，子路见荷蓧丈人后说的那一番话，至少是代表了孔子一部分的意志。再参考前面诸篇，可以认为孔子是主张出世的。

然而在侍坐篇中，孔子却又对曾点的一番理想表示了赞同。

“暮春者，春服既成，冠者五六人，童子六七人，浴乎沂，风乎舞雩，咏而归。”同样是充满浪漫情怀的理想，也同样很动人。

不过大概孔子赞同他，不是因为浪漫主义情怀之类的东西。结合之前孔子对子路“为国以礼，其言不让”的一番评价，他看重的应该是“礼”。言论、行为，或者理想，首先要合乎“礼”，这个更加形而上、更加强调本质而非内容的道德准则，才是孔子所赞同的。至于出世抑或归隐这类形式上的问题，他许是不很在意的。

（二）楚狂接舆

读到《微子第十八》里楚狂接舆那几章的时候，内心很震动。

接舆虽称“狂人”，内心却不见得不清明。他像是苦心劝说孔子：既然“今之从政者殆而”，何不就此停手？他非常坚定，亦不欲听孔子分辨之言；和接舆相比，长沮、桀溺的态度则更加直白，直言孔子是滔滔乱世中的“辟人之士”，寻求躲避开恶人的做法远不如“辟世”来得高明；丈人则像深刻的思想者，冲子路丢下一句“四体不勤，五谷不分，孰为夫子”，就不再理他。虽然后来他还是收子路留宿，并且“杀鸡为黍”，行为并不像言语那样刻薄。孔子判断丈人也是隐者。

这四位高蹈之士代表了当时一种普遍的观点：大道不行，则当避世。这应该是动荡时局下有志之士都会发出的声音。对此，孔子的内心是很摇摆的：他既了解隐于世的苦衷，却又不欲赞扬。在《泰伯第八》里，他也曾说“天下有道则见，无道则隐”，但面对长沮、桀溺两位隐居耦耕者的不屑，他却是“怃然”的：“鸟兽不可与同群，吾非斯人之徒与而谁与？天下有道，丘不与易也。”

子路气盛，面对不理解反应更加激烈直接：“不仕无义。长幼之节，不可废也；君臣之义，如之何其废之？欲洁其身，而乱大伦。君子之仕也，行其义也。道之不行，已知之矣。”朱熹《论语集注》里说，有一写本的“子路”下有“反子”二字，说是与孔子的意思恰恰相反。朱熹本人对这个观点不置可否，但我觉得大概子路并未“反子”，我乐于相信他的话正是孔子真实内心的展现。“道之不行，已知之矣”，这里面有难以抑制的哀伤无奈；但明知“道之不行”，却仍要“易天下”的孔子，却有种大悲悯的情怀。这种“知其不可而为之”，不免使人生出肃然起敬的心情来。

后来照着钱穆先生的《论语新解》看，他对楚狂接舆数章的评注是这样的：“顾孔子之意，则天下无不可为之时，在我亦有不忍绝之情，有不可逃之义。”“孔子意，正因天下无道故不能隐。盖其心之仁，既不忍于忘天下，亦不忍于必谓天下之终于无道。”深以为然。

孔子的传承者孟子有这样一句话，我觉得是对孔子精神的高度概括。

他说：“天下有道，以道殉身；天下无道，以身殉道。”

旅行，那些可遇而不可求的事情

——读《西班牙旅行笔记》

朱加宜

书很厚，一节课下来不过读了四章，却足以窥见一次不平凡的旅行。

其实谁的旅程不都是一样，即便是出发前仔细研究好了行程路线，到头来击中内心的仍往往是预料之外那些可遇而不可求的事情。

脑海中的想象永远代替不了身临其境的刺激，你可以想象自己在黄昏时分漫步在巴塞罗那广场，夕阳斜斜地洒在肩上，却不会想到在广场上响起的音乐声中，素不相识的男女老少和着相同的鼓点翩翩起舞。当一个人真正地踏上了某片异国的土地，从前在照片见到的平面静止的影像刹那间立体而鲜活了起来，金发碧眼的人们有节奏地舞动着身躯，微微昏暗下来的光线中，人影、树影交织着在眼前游动，敲打出一座城市的脉搏。这是来自遥远的地球另一边的人们不曾料到的小小惊喜。

不但是观光客们，坐在书桌前的我也是被这样的惊喜感动着的，我没有去过西班牙，也未听说过塞哥维亚的罗马输水道，但仅仅只是于字里行间想象出一个用巨石一块块人工堆砌、高达 28 米的建筑上面，有清水哗哗流淌了两千余年，便已是一件幸福的事情。千年的时间单位里，世界上的事情反复地几个来回，可叹竟是这样千百块缄默的石头，历经风雨磨砺，真真实实地存在到了今天，这大概是仅从照片里不能发出的感慨，必得是亲手抚摸过那当年为建筑这条管道而在石块上凿下的浅孔的人，方才写得出如此深得人心的句子吧，使得一个旁观者都不自觉地融入其中。

科尔多瓦，科尔多瓦。在这个地处西班牙南段的小城里，埋藏着神与人太多的纠葛，塞内加和他的斯多噶主义，同此情此景交融在一起的时候，便不再是一个冷冰冰的常识，而成了人性最深处紧扣的死结。学术界中，支持塞内加的学者们企图为他在宫廷中滥用权势的罪行开脱，而主张正视历史的人们又将其赤裸裸地摆在每个人的面前。只是，是否当我们站在科尔多瓦的市中心看到夕阳将只余下柱子的罗马神庙照成一个剪影，是否当我们看到城门处塞内加眉眼低垂的塑像，我们才会忽而意识到，那个哲人一生中深刻的矛盾，反应的其实是每个人内心中理智同欲望的争战。也正因如此，我们才需要一个信仰，将迷失在善恶交织而形成的混沌中的灵魂，找回到那个最初的原点？罗马时代的石柱耸立着指向天际，让人感到诸神还未散去，神韵犹存，似乎提醒着正处于历史深处的我们：是时候做一次重新的出发。

旅行的过程，或是验证“存在”的过程吧。短短的二字之中，又包含多少未可知的奥秘，曾经因遥远而未知的事情，随着旅程的增加渐渐地贴近生命，变得清晰厚重起来。你知道世界上真的存在着这样的人和物，一刹那的感动与思索，是从别处感受不到的，可遇而不可求的事情。

悟“道”

——读《庖丁解牛》有感

柯瑜萱

幻化无方、鬼话连篇的他是先秦诸子中的散文家，更是哲学家。这位怪诞才子以“谬悠之说、荒唐之言、无稽之辞”独与天地精神相往来。我们常被意出尘外的庄子拨弄得手足无措，却又在蓦然回首之间顿悟到他怪诞、孤寂的人生状态背后的深奥哲思，一展古代朴素哲学之精华。

老庄以清静无为之道传世，曾经，我理解“无为”是一种游走于自然大道之中，“无所为而无所不为”的从心所欲的人生状态。这种“飘飘然如遗世独立，羽化而登仙”的生命境界固然让我心生敬佩，但却勾不起心中的共鸣，总感觉这玄妙的“道”对于须在世俗中奋斗、努力的凡人而言，确乎没有太大关联，至于如何在“无为”中“悟道”则更是无从谈起。但在反复咀嚼《庖丁解牛》一文过后，我悟得庄子离我们并不遥远，他用近乎神话创作般天马行空的寓言，拨开了“道”的重重迷雾，借庖丁向我们循循善诱地说理，为苦于寻觅却无所得的我们揭示出“悟道”的方法，又将“道”由束之高阁的玄妙归于平凡普世的大众之间。

我想庖丁解牛能取得如入无人之境的造诣绝非一蹴而就，而是经历了三重境界：一是起初“所见无非牛者”的全情投入；二是“三年之后，未尝见全牛也”的深谙规律；三是“以神遇而不以目视，官知止而神欲行”的天地混融。

第一重境界“所见无非牛者”的如痴如醉、用心倾情正如现今的我们，满腔激情、朝气蓬勃，有着年轻所葆有的本真的赤子之心。庄子借庖丁教导我们应趁当下善养澎湃情感，如庖丁全神贯注于牛身上一般，将精力聚焦在我们所热爱、所笃信的目标上，唯有浓烈感情的蓄积和专注才能支撑我们日后漫漫长路的发展。而这正给予我很大启发：有时我会空蓄一腔志向但却有身感“纵有万般风情，更与何人说”的无奈，会内心昂起小小澎湃波澜却因事之不顺而又归于沉寂。但庄子在我无路可走时，借庖丁之言打破这一困境：纵然会经历曲折和不顺，但年轻的时候正要善养青春朝气、澎湃情感，用坚定饱满的志向充盈自己，才能在日后“路漫漫其修远兮”的人生大道上葆有为信念而奋斗的动力，而这与孟子善养浩然之气的大气磅礴、激昂澎湃莫不有相通之处。

第二重境界是在有浓郁情感做内在支撑的基础上，对为人处世之道的不懈摸索，对万物运转内在规律的执着探索。庖丁数年间专注不懈地用“视为止，行为迟”的严谨探索牛的天然生理结构，终达出神入化之境界。而被誉为“草圣”的书法大家张旭亦是通过“见公主担夫争路而得笔法之意，见公孙氏舞剑器而得神”，对书法内在规律倾注全情的不懈探索，深谙书法内在客观规律后，方才练就了醉中落墨、狂放不羁的深厚书法功力。天道有常，足见把握规律对生命的指导作用。

第三重境界则是道家追求的超然于物外，形不存而神存的至高境界。正如“上善若水，水利万物而不争”一般，顺应世间万物的水既能奔于大江浪涛之中，又能泄乎山岩石缝之间。第三重境界需要极高的人生觉解，在充沛浓郁的情感积淀基础上，在专注不懈地探求自然运行规律的基础上，达到物我混融的、无所为而无所不为、汪洋恣肆的生命状态。这让我联想到杨绛先生晚年从容安淡的状态。她在 93 岁的高龄之际写了她和钱锺书、女儿阿瑗的《我们仨》，在 96 岁时出版《走到人生边上——自问自答》，在 103 岁时出版《洗澡》的续集《洗澡之后》。倘若没有“水利万物而不争”的汪洋恣意，我们很难想象一个老人如何顶着丧女丧夫的痛苦孤苦伶仃地创作探问生命意义的《我们仨》，很难想象耄耋之年的老人如何安安心心地完成这繁杂的数项工作。“我无法确知自己还能往前走多远，寿命是不由自主的，但我很清楚我快‘回家’了。我得洗净这一百年沾染的污秽回家。”杨绛先生从容谦和、低调独立，她经历了风雨飘摇的一生，有过花一样灿烂绽放的激情岁月，而最终归于简朴恬淡的晚年生活，归于从心所欲的高贵生命状态。

统观全篇，庄子向我们诠释了“悟道”所必经的三个过程，这让我联想到儒学先师孔子所言的“兴于诗，立于礼，成于乐”。“兴于诗”与“成于乐”中的“诗”与“乐”看似都是在韵律中感受生活之美，无大不同，实则不然。在诗歌文字间的韵律是积淀情感的媒介，借令人如痴如醉的诗歌养澎湃情感；而“乐”中的韵律则更加体系化，更加神圣磅礴，通过祭祀祈福之乐让人感受生命韵律的跳动。由诗到乐看似是回到原点，实则却是情感与境界的螺旋式上升。同样，庖丁解牛时起初的“所见无非牛者”和后来的“官知止而神欲行”看似均是全情投入的“神”与外界的交融，回到了原点，实则却是人觉解上质的飞跃。

对《庖丁解牛》的反复品读咀嚼，让我收获了三重境界中的逐层升华延展，让我真正触碰到了曾经束之高阁的玄妙的“道”，让我体悟到混融万物之中，利万物而不争的恣肆高贵的人生状态。我不敢说是悟到“道”的全部，但庄子穿越千年的铮铮古音确实给予今日迷茫的我以方向和启迪，这便是哲学的魅力所在：穿越漫漫历史风尘，直抵人心，让我们领悟游于天地之间的生命自信与大道。

长安的重量
——观端己词有感

高雨田

长安，长安。

去西安的火车上，我正在看一本《迦陵论词丛稿》，虽与作者叶嘉莹女士有着或异或同的见解，但对陕西一位本土词人韦庄增添了一番新的认识。

步行于今西安古城墙之上，看着灯火辉映下的车水马龙，一阵风吹过，城墙上再喧嚣也是寂静的感觉。潜心沉入，拨动时间轴去倒带，仿佛踏着古人的步履。相机中，我留下了夕阳中古城墙剪影的影像，忽一句“凝恨对残晖，忆君君不知”，让我想起那位词人。

广明元年，长安陷。那年，他四十五岁。

时光倒流回一千多年前，一轮血日悬在斑驳的城墙之上，同样的落日映着同一双眼，同样的鞋履碾碎着同样砖缝中的野草，然，破碎的是不同的碎片。

来不及再沉迷往事，已被命运鞭挞成散碎的碎片零落他乡，之后几十年，他屡次想用美景遗忘，渴望让生命完满，然而从他年老时所作《菩萨蛮（五首）》中能看到：虽然在第四首词中，他仿佛释然地道出了一句“遇酒且呵呵，人生能几何”，但在第五首中，又感慨不已，转而想起最初离乡后去的洛阳，并在最末一句中字字沉重地写下“凝恨”“忆君”。

他的生命至终还是没有完整。一座长安城，让他心心念念了一生。

那年黄巢起义，他与弟妹走散后，被迫奔赴洛阳，后去江南，再返故乡长安时已有十年之久。四年后又离乡入蜀地，此后终身仕蜀，最后卒于成都花林坊，至死未还乡。

《菩萨蛮》第一首中，有“残月出门时，美人和泪辞”“劝我早还家，绿窗人似花”。古人之别离如千斤重，又难割舍，今人何以体味？“红楼别夜”“香灯半卷”，景如其然，而情更含异所别韵。春宵缱绻，月当窗时，不堪回首。或是美人，或是美人相拟的故土；或是美人含泪，或是自己含泪，相互引发，倒有“照花前后镜，花面交相映”般层层更深的美感。那“劝”的纡回婉转，那“早还家”的隐隐期盼，奈何“绿窗人似花”，虽似花般美好，也似花般易凋零，美却无奈。

由于《菩萨蛮》应是韦庄年老回忆往事时所作，故在岁月沉淀下更有一番安详之态和或沉或淡的遗憾之美。但道当时战乱年代的离乱实景如何，观《秦妇吟》或许可知为更详。

《秦妇吟》是一首叙事诗，端己借秦妇之口而抒己之怀。由于篇幅较长，这里仅概述一二。其开端“中和癸卯春三月，洛阳城外花如雪”，写一如花女子，凤侧鸾欹的妆饰，歇在绿杨荫下。“借问女郎何处来？含颦欲语声先咽”，随后忆起秦中事。端己托己身于思君思故乡女子之形象，尽述其人之迷惘、凄哀，故土之荒芜、茫茫……一句“出门惟见乱枭鸣，更欲东奔何处所？”仿佛是端己颠沛流离的后半生的起始。

端己去江南后之事，应属《菩萨蛮》次章所写。“人人尽说江南好，游人只合江南老”，江南美景，本应是理想的归宿。但一“尽”、一“只”的坚决，又反显得端己之心并非如此所想。“春水碧于天，画船听雨眠”，自以为此实非“闲”也，或为表象，但实为“强作慰藉”。春水澄明遥映青天的美景，伴着绵绵细雨，端己却未有观赏。是景不美？非也。倒像是不堪入目。江南景美人佳，而长安此时兵荒马乱，妇孺哀吟。可谓美景独徜徉，悲喜难猜。故苟且听雨而眠，梦中归乡，大概才能使他聊以自慰。“未老莫还乡，还乡须断肠”，一个“莫”字，是对自己一次次的劝说慰藉。莫还乡，莫还乡，反映的却还是离人对于故里沉沉的思念。

终于久安江南，也老成了江南人。故《菩萨蛮》第三章中，他不禁叹道："如今却忆江南乐，当时年少春衫薄。骑马倚斜桥，满楼红袖招，翠屏金屈曲，醉入花丛宿。"一个"却"字与上一首"人人尽说江南好，游人只合江南老"对应，更体现其初来之时并不快乐的心情。只是后来，骑马纵横，满楼红袖，江南又成另一家乡，那种温暖欢喜让人善待那段回忆，一个"乐"字足以见之。然，最后一句"此度见花枝，白头誓不归"，"誓"字比前一首中的"莫"更加坚决，但如同烈酒灌肚，仿佛总有为了忘掉某种执念的隐苦。如此，此一次既更为坚决，也就有更为沉重内隐的苦涩了。

第四章，端己反复连用"须"字、"莫"字，似乎在麻痹自己也在提醒自己。似是对还乡未能有果的绝望，也更有那含恨的怀念。桑梓之时，更渴望落叶归根，端己却他乡借酒消愁他乡醉，明日独醒仍不得返故乡。一种绝望生发一种斩断情思的"释然"，"遇酒且呵呵，人生能几何"。"呵呵"二字不是动作、不是言语，只是一个叹词。它作为情之载体的分量越轻越缥缈，所承载的感情越耐人寻味。一句呵呵，有无奈，有麻痹，有温暖，也有期待……没有人知道那句"呵呵"出入唇齿时带给端己什么样的感受，但独想想，便有种荡气回肠、犹灭还生之韵味。

然而第四章余味的远飘仍不是端己一生情感的归宿，时光随着他的笔尖辗转，又回到了那年洛阳。一句"洛阳城里春光好，洛阳才子他乡老"，一个"心转迷"，一个目光落在"水中鸳鸯浴"，一个远走却不住回望的诗人贯彻一生的深情早已成为他生命的印记。曾有评者谓端己词"似直而纡，似达而郁"，我认为确乎有道理。韦庄一生思恋长安，却没有被那份沉沉的情感压得低靡凋敝，而是将那份珍重凝为他目光的深情。蜀地为相、兢兢业业，开国制度皆出其手。他的人生自以为不圆满，但我以为已是圆满了，因为他的赤诚，那种不圆满也终成圆满。

流连西安，其实我心中一直装着一位韦端己。我们朝发暮至的长安，却是端己凝恨终生也未尝归还的长安。我珍重，我看到它的每一眼。

其实还有多少韦庄，怀着对根虔诚的向往，只是他的心被刻入诗笺，而我们能看到的绝不止这些。

我站在那城墙之上，从高度上“浅显”地去感受那壮怀悲烈，那黄土之下的白骨车毂似乎又绞动着翻出地面，在眼前的大地流乱漂沦，生生的血肉、入骨的悲吟，那份真切，通过那诗篇，跨越千年又回到眼前。想起千年前的端己站在满城飞花的洛阳城，又是何情何感？一时情溢于怀，写下一首小诗：

身化秦妇遥忆君，曩者弄妆累今夕。
洛阳繁花花俟情，秦中亡人人无意。
寒白耽风折花枝，不堪同人恰相拟。
何处月暖香雪尘，故庭墙衣锁殷绿。

思绪又渐渐回到今时今日，城墙外人们安乐祥和的笑声、建筑上重新修葺起的琉璃雕瓦，灯火阑珊中，那千年前的太平盛世仿佛又重返此地，大家歌颂“大唐盛世”，犹醉于霓裳羽衣。然，尘土中还有多少丧乱漂沦的离人血泪、金鞍玉趾的生死契阔，黄土之下，又埋葬了多少臣民的遗恨、多少忠苦之心。城墙上那轮血日，曾记载天涯海角多少人们的凝神瞩望，多少人一生的情感周折。繁华中，那城墙沧桑的触感给予我渗入骨髓的苍凉，因为已有曾经的战火纷飞、国破家亡，所以今时今日，我们才更应珍重一句“长安”。如今，森森城墙昭示着已不是国威，而是一首长吟的史诗——牵动着我们会感动于什么、会珍惜些什么。

一座城的重量，远比我们想的沉重。

小说与诗歌

山河犹在，国泰民安

山河犹在，国泰民安

王雨婷

（一）千载

睁眼的时候，入她眼帘的是一块石碑，写着十二个字。

唐高宗李治与则天皇帝之墓。

她眯了眯眼，熟悉她的人都知道这是她发怒的前兆。

所幸她又看到不远处另一块明显更旧的碑。黑玉的碑身，上书五个金色的大字——唐高宗乾陵。

“看来哲儿总算没有违背我的遗命。”她松了口气，如是想。

这时她才开始打量周围。

黄土。劲树。高山。老碑。似乎一切还都是当年的样子，但又大相径庭。

人群随意地走在司马道上，为首的女人那不知是怎么放大的声音震得她耳朵嗡嗡作响。大道两旁种着青碧的松柏，林间三五块碑石的轮廓隐约可见。小坡上拴着十来匹劣马，正悠闲地甩着尾巴驱赶扰人的蚊蝇。

她有些茫然，片刻之后恍如雷劈般怔在原地。

这不是大唐。

仿佛从头浇下一盆冰冷的水，寒意刻进了骨子，连血管都被凝结。事实就这样毫无征兆地、残忍地摆在她面前，惊得她晃了晃身形，想要伸出手扶住身旁的树，手指却径直穿树而过。

怔愣了一会儿，她苦笑起来。骄矜尊贵如她，竟然也有成为孤魂野鬼的一天。

转过头远望，如洗碧空下梁山依旧迤逦，她听得那个为首的女人说道：“关于乾陵的陵墓属性一直没有定论，有人说是帝后合葬，有人说是二帝合葬……”

“二帝合葬？”她下意识地重复，目光渐渐涣散起来。

帝王呵，那是多久之前的字眼了。

（二）将死

上阳宫内是一片诡异的沉默。

不断进出的宫人们行色匆匆，面无表情。身着朝服的太医三两聚集在一起，低声讨论着用药的剂量。所有人都感觉到，要变天了。

殿内，二十四层鲛纱帐纷扬披落，轻渺如烟，笼住寝殿深处那个单薄背影，好似淡淡地晕散在茫茫的白雾中，渐至于无。

她正躺在御榻上，已褪下了代表帝位的明黄朝服。烟霭缭绕，只有代替了龙涎香的苏合香那沉馥浓烈的香气从兽口而出，附着在月牙白的寝衣上。她长发披散着，还带了些潮气，却令得那染料染成的墨色分外得浓重，仿佛松烟添了华彩。深黄的帷帐，朱红的寝被，却更衬得榻上的她面色枯槁、形容消瘦。

她知道自己将不久于人世。

都说人之将死，会有一生的记忆如走马灯般闪现于脑海中，她亦然。

眼前划过一张张或熟悉或生疏的面孔，他们或曾荣极一时，或曾纵横天下——那又如何？她嘴角划过一丝嘲讽的冷笑，终究是她笑到了最后。

可付出的代价，未免太大。

仿佛有婴孩的哭声骤然爆发于耳畔，她痛苦地捂住了头。记忆里孩子的面容已模糊不清，唯有那双纯净的眸子，清澈得仿佛容不下任何污垢，总是天真地望向她，惹人怜爱。

可就是那样一个稚童，连名字都没有，便匆匆离开。

那是她二十七岁才诞下的长女。

那是才出生一月便被她亲手掐死的长女。

眼角沁出一滴浑浊的泪水，她的目光渐渐没有了焦点，身体也越来越轻；恍惚间她似乎又回到了登基前夜，看着那个因兴奋和紧张而难以入眠的自己，她缓缓吐出最后一口气，安心地闭上了眼睛。

丧钟响起，低沉冗长的声音惊扰了在上阳宫顶小憩的乌鸦，“啊”“啊”声在暮色四合下显得突兀而诡秘。

大圣皇帝，驾崩。

（三）夜阑

远处的更漏声已经趋于消散，而上阳宫内却仍彻夜燃着烛火。

殿内，即将成为这天下新的掌权者的她，辗转难眠。

身边值夜的宫女轻声问道：“陛下可是睡不着？”虽还未登基，但她身侧的宫人却早已改了称呼。

一时没有回话。

良久，她叹息一声，启唇：“什么时辰了？”

宫女低眉垂首答道：“已是子时三刻。”

“伺候孤起来吧。”她支起身子，任由身后的宫人为她披衣加饰。

穿戴整齐后，她缓缓由寝殿走出，倚在正殿门口的朱红柱子上，望着天空。

夜凉如水。

宫人仿佛早已知了她的心思，并未惊动任何人，就在她身后错了两步，静静站着。

半晌，宫人听得她道：“婉儿，你跟着我，有多少年了？”

上官婉儿心里突地一跳，面上不露分毫，答道：“奴婢自仪凤二年得陛下垂怜而得以侍奉在侧，算来也有十四年了。”

“已经十四年了……”她又是一声叹息，“婉儿，你说，我这十四年里，做过多少件错事？杀了多少人？”

“……婉儿不知，”上官婉儿小心斟酌着字句，“但婉儿知道，只要陛下觉得自己做的是对的，无愧于心，那便是对的。”

“你啊，总是这般聪慧。”她笑了，那笑容却让上官婉儿感到莫名的压力和寒意。

“那你说说，若是先皇在世，可会任由孤篡夺他李唐的天下？”

上官婉儿呼吸一窒。

一时间静默无言。

半晌，这个深得她宠幸的宫人才启唇。

上官婉儿说了很久。

听罢，她才舒展了眉头，手一挥道：“不早了，伺候孤就寝吧。”

“是。”上官婉儿心知自己一席话暂时解了这位主子的心结，舒了一口气，复道，“只是陛下须记得，明日起，您便要自称‘朕’而非‘孤’了。”

她一挑眉，点了点头。是了，这是在提醒自己，她即将成为这个国家新的主人。

“朕知道了。”

地平线处已微微露出一丝鱼肚白，昭示着新一天的到来，更昭示着新的更迭倾轧。

（四）为皇

载初元年九月初九，整个帝国都洋溢着兴奋与悸动。

神都。太初宫。

来往的宫人一个个步履匆匆，手执各不相同却华美异常的饰物。而她翩然立于整身龙凤镜前，任由宫人为她戴上这些沉甸甸的簪钗纹珮。

她身着一袭大红丝锦作襟的玄色上衣，绣五翟蟠龙团花纹，花纹乃是暗金线织就，以蔷薇晶石与虎睛石缀点，光艳如流霞，透着繁迷的皇家贵气。两肩上各垂下五尾凤凰翟羽，一袭朱红色长裙，裙上用金银丝线绣成攒枝团簇洛阳花和栖枝凤凰，刺绣处缀上千万颗珍珠，与金银丝线相映生辉、贵不可言。

身后穿着尚仪女官朝服的上官婉儿亲手为她挽了回鹘椎髻，发髻后左右累累各插六支绛色的金镶玉响铃簪；正中插一支凤凰展翅六面镶玉嵌七宝明金步摇，上缀各色宝石，凤凰口中衔着长长一串珠玉流苏，最末一颗浑圆的海珠正映在眉心，珠辉璀璨，映得人的眉宇间隐隐光华波动，流转熠熠；头上一朵开得全盛的贵妃醉牡丹，花艳如火，重瓣累叠的花瓣上泛起泠泠金红色的光泽，簇簇如红云压顶，妩媚姣妍，衬得乌黑的发髻似要溢出水来。

妆成，上官婉儿柔声道："吉时已到，请陛下登应天门。"

她凝眸向镜，镜中人遍体璀璨，明艳不可方物。如同一张光艳的面具，掩盖住她此刻紧张而兴奋的心情。她抬首道："走吧。"

拾阶而上，她缓缓登上应天门，俯瞰整个神都。

宫室楼宇整齐排布，身着紫色朝服的群臣恭敬地站立着，准备叩拜帝国的新一任主人。碧空如洗，远山迤逦连绵，偶尔飞过一两只白鹤，留下几声清唳。

而从今日起，这如画江山，都是她的。

天命所归　武周当兴
至德配天　化及草木
陈嫡感佑　玄涤昭告
皇天上帝　后土神祇

内侍尖细的嗓音宣读着告文，而她也在这声音中肃容转身。

金殿内，鎏金的宝座在殿外阳光的照耀下格外炫目，而她目不斜视，一步一步走向那个命定的地方。

文毕，敛裙，落座。

礼成。

她终于还是走入了这座代表最高权力的大殿，这个大殿她并不陌生，以前她经常作为天后临朝听政；但这次不同了，她已经成为了这里真正的、唯一的主人。

她终于胜利了，她接受着群臣的朝拜，这是她应得的；她付出了努力，现在是得到回报的时候了。

殿外宫人和朝臣三呼万岁，伏地叩拜，使得她一直紧绷的嘴脸终于扬起了弧度。为了坐在这个位置，付出了多少代价又沾染了多少人的鲜血，她早已记不清。但她不悔——

因为从这一刻起，不同于所有只有寥寥几笔记载的后妃，史书将会记录我的名字和我的功绩！虽然我的即位为许多人所反对所唾骂，但我当之无愧！

我会用我的行动证明，我才是这个帝国最适合的主人！我不会让任何人失望，这个庞大的帝国将在我的手中变得更加强大！我将把先贤的光辉传扬下去，让所有的人都仰视我们，仰视我们这个伟大的国家！

千百年后仍然有人会歌颂我的功德、传颂我的故事，我的名字永远不会在历史长河中消失，所有人都会记得曾有我武曌以女子之身废除李唐，开辟了新的盛世！大周！

（五）山河犹在，国泰民安

将死之时，登基前夜，即位大典。一幕幕如浮光掠影般在她面前一闪而过，轻薄如蝉翼。可如今呢？

听着女人的声音，她渐渐明白过来，不论是李唐还是武周，都已成为过去；而她，也不过是史册深处一个覆上尘埃的名字。

身侧忽而有个女孩轻轻哼起了歌，她依稀辨认出几句——

“余归故里　春风不识路
从生黍稷　此身在何处
飞阁流丹　纸醉金迷中错付
而今　皆化尘土

郁郁青葱的往事　破土长出
长在阡陌以北　伊人的墓
当我拨开眼前寂寥的渔樵耕读
残碑是岁月磨平的书

她的心蓦地一抽痛——繁华昌盛如唐，果真也不能绵延千秋吗？皇陵被掘，葬品被盗，朝代更迭中竟只有她和李治的乾陵侥幸保存至今；而其他的，已经荡然无存。

“行迈靡靡的我
黄粱一梦过
醒时已家国破

她苦笑——这可不就是她如今的心境么？觉得愤怒，却又无从发泄；觉得悲哀，却又无人倾诉。

她自问武氏李氏统治下的王朝是第一个也是唯一一个盛世，可眼下她的所见无异于将她的认知彻底颠覆。奇怪的装束，奇怪的饰品，奇怪的机器，如若不是她还可勉强听懂他们的语言、辨认他们的文字，她绝不会承认这里是当初她统领下的国家。

身旁哼歌的女孩忽然间转了调子——

“巍巍的前朝遗都　早就不复
田中鎏金谷物也已成熟
斑驳雕栏透过哀伤的眼渐次模糊
我嗅到故土又芬芳如初

她垂下眼帘，若有所思。

在这个陌生的时代，人们的脸上洋溢着笑容，马匹闲适惬意地站在树荫下，孩童蹦跳着嬉闹……眼前的一切分明告诉她，这个国家如今，安康富足。

她的思绪忽而回到登基前夜，那时她问若是李治仍在世，可会任由她篡夺李唐天下；而上官婉儿，那个聪慧至极的女子，在思考良久后这样告诉她——

“如若先皇在世，大概是不会容忍陛下这么做的。可如今先皇已去，纵论天下英杰，无人出陛下之右，陛下君临天下乃是大势。想必先皇在天有灵，看到陛下将国家治理得井井有条，使文武争驰，鸣琴垂拱，天下安定，也会释然的吧。”

是了。纵然现在这片大地的主人不姓李不姓武，纵然已没了李唐或武周，可只要国家富足康定，她，又还有什么不满足的呢？就如同她遗命树立的无字碑，千百年间碑上留下了不同人的笔墨字迹，石碑已没有了最初的光洁，却成了这个国家风雨浮沉的见证者；又譬如她，把持朝政、篡位废唐、诛杀反贼，也不过是为了治宏贞观，创造一个更加繁荣的盛世。这不仅是她的信仰，更是历朝历代王侯将相所追求的目标啊——所以他们才会前赴后继地奉献自己的一生。

归根到底，都是为了这片他们深爱的大地，和世代居于其上的炎黄子孙。

身体忽而轻盈了起来，她知道自己的时间不多了。于是她用尽全身力量，跪在地上捧起一抔黄土，面向东方，闭眼诚心道：“武曌唯愿百姓安居，家国安定，华夏安康。总此三愿，若得，不负平生。”

泥土从指间倾泻而下，她慢慢飘离了地面。女孩仍哼着歌，而她双手合十，闭着眼也轻轻哼了起来——

“青草明年春　离亭燕不等
只消烈酒醉得深
宫宇覆上苔痕　王孙作庶人
史册太多浮沉”

所求不多，唯愿，山河犹在，国泰民安。

悟空传

郑悦冰

我是一只松鼠，也只是一只松鼠。

我曾经是花果山上一只卑微的松鼠。

豺狼追赶过我，野豹威吓过我，老虎也曾欺负过我。

但是，我活了下来。

现在，我是花果山上最大的妖王。

我有些得意，却又忍不住伤悲。

因为花果山已经不再是曾经的那个花果山了。

那只倔强的猴子也回不来了。

（一）

曾经，有一个传说。

一只大闹天宫的猴子被法力无边的如来佛祖所降服，镇压在佛祖五指化作的巨山之下。

五百年后，那只猴子屈服了，保佑着那位佛祖的二弟子去西天取经，终于修得了正果，被封为斗战胜佛，高坐在莲花之上，再也不问世事。

但，这永远只是个虚伪的传说。

那只猴子，在反抗中死去。

直到最后一刻也没有屈服。

宁愿站着死也不愿跪着生。

（二）

记得与他第一次见面的场景。

迸裂开来的石屑中蹿出来一只猴子，他龇牙咧嘴摆弄了一番，似乎对于自己的装束不甚满意。走到潺潺的小溪边，清洗净身上的血迹。

那一刻，我便感到他的不同。

他似乎发觉了我的视线，却只是木木地看着我，好像不知道自己该做些什么。

我默默地走开了。

只是一个猴子而已。我那时这样想。

也许那日，我会看到他倒在路边的尸体。

生活不曾改变过，依然是在生与死的悬崖边漫步着。

甚至，不曾想过与那只猴子的再见。

但再见时，我依然有些惊骇。

他已成了群猴的王者，率领着群猴，驱逐了其他的野兽。甚至连虎豹豺狼，都畏惧他的威名。

那时的他，那般英姿勃发。似乎在睥睨着这天地，愤懑不平这世事，总是想要改变些什么。

他似乎还记得我，友好地向我招招手。毛茸茸的手臂上，凝结的血痂有些碍目。但或许，那就是成长的代价。

"你认得我？"我蜷缩起弱小的身子，长时间受到的压迫让我一直都处于担惊受怕之中。

"你是我睁眼看到的第一只动物。"他笑笑，眼神中流露出不易察觉的没落之感。似乎总是在考虑些什么大事，但这些，我这个小小的松鼠可能永远也不会弄懂。

"我要走了。"他无视着身旁环绕着的一大帮叽叽喳喳的猴子们，坚毅地说道，显得那般卓然独立，傲视群雄。

"去哪里？"我探出头来，确认了没有危险后胆子也变得大了起来。

"去寻求长生之法。"他傲然说道，自信蓬勃之感油然而发。

“这样不是很好吗？为什么要去求那虚无缥缈的长生？”我还是不解。

“你不会懂的。”他眼中的落寞之感更深，也许这就是孤独的反应吧。

“我看不平这天，看不平这诸神制订的法则，凭什么仙人就能高高在上，而妖类只能匍匐在地！等我学成归来，我要让这天地变色，让世间知晓我的存在，为众妖谋一个出路！”

声如雷霆，震得我恍然一惊，即使是没有法力的他也显出了那般的英雄气概。自那时起，我常常念想着，花果山或许会出一个让天地震惊的英雄之妖，但那只妖，只能是他！

（三）

学成归来之日，他踏着五彩的祥云，就连霸占了花果山的大妖混世魔王都不是他的对手。群妖俯首，因为敬畏而将他奉上王座。

后来，他自封为“齐天大圣”，引来七十二路妖王朝拜，与另外的六位大圣结拜为兄弟。自制了妖旗，叫嚣着要突破天的威严。

天帝怒了，怒火只能用鲜血来平息。

无穷无尽的天兵形成黑压压的一大片，遮挡了天空，遮挡了云彩，气势汹汹地向着花果山袭来。

他们的想法还是太简单了，有些事是不能轻易尝试的，否则付出的就是血的代价。鲜血似乎染红了天地，花果山在战火的洗礼下成了一片废墟，漆黑的土地上失去了平日苍松翠柏的环绕，堆积的妖的尸骨都让我们来不及掩埋。

七位大圣死了六个，七十二路妖王也死了个干净。

只有那只猴子依然在血战着，眼鼻口腔都流出了黑色的污血，金色的毛发显得凌乱不堪。这一刻，覆满全身的血痂，是让人难以想象的惨状。来不及凝结就诞出新的伤痕，他咆哮着，怒吼着，手中的金箍棒也舞动着。

整个天阙都恍若被震得失去了平衡。在天雷暴雨的侵袭中，那只猴子却叫嚣得更加狂妄，战得越加快意。

四天王的宝物被他打得支离破碎，所谓的天将也无法奈他若何。

托塔天王的宝塔镇不住他，只得挑起竖眉怒斥着："尔那妖猴，还不受死！"

二郎真君的三叉戟挡不住他，只能忌惮地咒骂出几句难听的脏话。

噢，原来神仙也会骂人吗？

而猴子，却在这癫狂的天幕中癫狂地大笑起来。

"都死了！都死了！花果山也没了！"

"我的一切，都被你们夺走了！"

"你让我受死?！凭什么！就凭你是高高在上的神灵，而俺是低贱在下的妖吗！到底是凭什么！"

"不服天庭管教的，就只能是任人宰割的妖吗！"

他站在风雨交加之间，站在雷鸣电闪之中。

像个英雄，不，本来就是英雄。

无人为他加冕，他却依然独自战斗着。

我不是他，只能躲在一旁看着这场决定种族命运的决战。

也没有任何人是他，没有任何人，能有这般的勇气与魄力。

没有任何人，能像他一般支撑起妖族的大业与未来。

孙悟空之后，可能再没有孙悟空。

甚至于，他可能真的是最后一个不服管教的妖。

可是，我究竟在做些什么呢？我没有他的伟力，但这不该是我怯懦的借口。

明明，我应该是为了妖族的大业横尸在山前的小角色，却为何胆怯到躲在这里冷漠地观看着这场命运的决战？

这妖族，真的还有未来吗？

"死！死！死！"悟空战得愈发热烈，杀死的天兵越来越多。

金色的瞳孔中像是有着不息的火焰喷薄着，冷冷地凝视着四周那些因为恐惧而畏缩的天兵天将。

偌大的天庭众将，竟然没人敢跟他对视一眼。

“今日，俺老孙要掀翻这天庭，还苍茫众生一个朗朗乾坤！”

巨大的手掌自天上翻覆而下，将这叫嚣的猴头狠狠镇压。

如来佛祖一副悲天悯人的姿态，却是在试图夺走悟空的性命。

悟空狂笑着，嘴角间血迹涌动着。

“这五指山，还镇压不了俺！”

巨大的山体骤然开始倾斜，开始崩碎。

悟空的衣襟破碎，战袍染血，却依然挺立着。

此刻的他，是天下独一无二的战神。

手中执着的金箍棒，沾染着无数天兵天将的血迹。

“如来，你也要插手吗？”

“阿弥陀佛，孙悟空，你犯下滔天大罪，还不速速皈依！”如来显出大日如来金刚法身，怒斥道。然而虚伪的话语，不过是可笑的借口。

“俺老孙就两个字。”悟空桀骜不驯的脸上露出愤愤的神色，“放屁！”

“你这顽劣的泼猴！”如来应声出手。洁白如玉的手掌上蕴含着无穷的力道，将悟空挺直的身体生生击落出去。

悟空依然在喘着粗气，根本未能躲开如来的偷袭。

他的身体应声飞了出去，栽倒在花果山漆黑的石座上。

那里，曾经是花果山真正的王座，也是妖界唯一的王座。

悟空发出沉闷的吼叫声，像是沉默的洪流，像是等待着喷薄而出的火山，两眼中闪烁的，是不灭的火焰，是照亮未来的光束。

他的名字，叫作悟空，他是花果山真正顶天立地的男儿。

一人一棒，足以傲视着天地间所有的神仙。

他只是一只猴子，但他的本性比所有的神仙都更加高贵，也比所有的妖都更加高贵。

他对自由的向往，是每一个花果山妖灵所无法忘怀的追忆。

（四）

猴子败了。

他杀死了二郎神，杀死了托塔天王，杀死了卷帘大将，还有那天河水军的天蓬元帅，甚至还有那不可一世的如来佛祖。但是，他终究是一个人。

筋疲力尽的猴子，倒在了南天门与天帝的对峙之下。

我看到了猴子那不甘的面孔，听到了他凄婉的悲鸣。

即使只是只猴子，但是心也会痛吗？

但我早就知道，他不是一只一般的猴子。

听着那撕心裂肺的咆哮，我突然明白，他在咒骂这不公的老天。我也明白，他还有着许多梦里的路没能走完。我更明白，他所憾恨的物事。

但我无所作为。

我只是花果山上的一只松鼠，仅仅是一只松鼠而已。

我只是一只小妖，在这些大拿面前永远是微不足道，甚至激不起半点波澜。

引不来任何神仙的注目，也帮不到那只倔强得让人心疼的猴子，只因为我那不堪的弱小。

甚至连猴子那英烈的躯体，都无法从天庭夺回来。

我只能趴在地上装死，以躲避天兵的追杀。

我太过怯懦，太过废物。

我明明看见猴子眼中那一抹悲戚，感受到他的怒火，但是我还是这般无用。

我不能像他一样挑战天的权威，甚至都不敢站出来谈论我的梦想。

因为，我一直在担心着那些高高在上的神仙们嘲笑我这小小松鼠的不自量力。因为，我依旧恐惧着死亡。

但今天，我看到了一个更加不自量力的妖。

他的悲痛，永远是我心中抹不去的痛。

（五）

猴子死了。天帝轻易地取了这个力竭的妖王的性命。

“安天大会”的名号传遍四大部洲。无非是对于猴子死去的庆贺罢了。

抚摸着花果山上那漆黑的石座，那是曾经猴子坐过的王座。

看着那几抹暗金色的凝固的血迹，我的眼前，又浮现出那个敢战天地的家伙的身影。

“齐天大圣，您还在笑吧。”

那是花果山当之无愧的王者。

也只有他，才配得上拥有这座美丽的山吧。

我掩埋着花果山遍地的焦尸，一年一年，毫不懈怠。

500 年过去了，花果山的妖终于都入土为安了。

他们都死了，只有我这懦弱的小妖还存活着。

我将几位大圣葬在一起，又在旁边的空空的坟墓旁，在那块墓碑上刻下“齐天大圣孙悟空之墓”的字迹。

猴子的尸体，我拿不回来。

但我始终觉得他一直在天上看着我们这些幸存的妖。

我可以想象，他在南天门前的英姿。

可以想象，他在凌霄宝殿的怒吼。

可以想象，他在天帝面前的狂笑。

我仿佛听见他那张狂的声音，看到他那破碎狰狞的面孔。

“俺老孙生于天地，与天地同齐，天不能灭我，地不能拘我，你们这些神仙有什么资格凌驾于我之上!”

我轻笑着，无数个日夜，都能梦见天帝听到猴子这番话的扭曲脸庞。

但是，想着猴子的那副模样，我又笑不出来了。

天庭的光辉压不住那只猴子的野性，压不住他追求自由的脚步，他永远是花果山一块屹立不倒的丰碑。

他飞溅的血液，或许才是这个时代不朽的印记。

千万年后，总会有人记得，有一只大逆不道的妖猴，他的名字，叫齐天大圣孙悟空。

不管天帝用怎样的方法来欺瞒世人，但是猴子他，从来就不曾屈服过。

而我，也不愿意再度屈服。

“我不是猴子，无法成为齐天大圣，但我也有我的坚持。”

（六）

多少个日夜，我都乞求着花果山重新焕发出生机。

一直不抱希望，也就将祈祷视为一种习惯了，也许是当作祭奠那只猴子的仪式罢了。

但这日，花果山下雨了。

几千年不曾降雨的花果山开始降雨了。

是猴子，在天上听到我的心愿了吗，还是他舍不得这片美好的花果山呢？

枯萎的树木开始抽出新的嫩芽，花果山开始重新焕发出生机来。

整齐地列着队列的妖兵，肃穆地立在曾经大圣的坟墓前。

他们，是我所教导出的花果山新的妖种。

“有草的地方，花果山又会重新焕发出生机吧。”面对着焦枯的花果山，猴子曾说出如此的话语，“花果山的精神，还会延续，在一个个幸存的妖的口中，传递到下一个绝代的妖王耳中。”

“终有一日，那个高高在上的地方，会被我们所倾覆。”

“终有一日，所有惨死的英烈，能得到最后的宽慰。”

曾经的妖的国度，有一日还会回来。

或许，已经回来了。

我有这种预感。

看着那只同样桀骜不驯的猴子，我突然明白了自己的使命。

盘坐在花果山重新生长出的树木旁，随着树木一年一年的长高，我不停地向着那些新生的妖灵们叙述着齐天大圣的神话。

“从前，有个名叫孙悟空的猴子……”不知念叨过多少次这种话语了。

只记得原本和我差不多高的小树已经经历了岁月的洗涤，成为了一棵足以遮天盖地的巨大榕树。

“松鼠爷爷，后来呢？”有一只小妖问道。

“齐天大圣死了，但他还会回来。在四大洲的某处，还会有同样了不起的妖王，充斥着对自由的向往，捅破这无道的天地。”我仰望着天空，许下最后的心愿。

苟且偷生已经没有了意义，我的目光蓦地坚定起来。看着这些可爱的小家伙们，我突然决定，我要为他们，搏出一个真正的未来。就像那只猴子，曾经为我们做的那样。

妖与仙本来就没什么差别。只是天庭将那些不听他们管教的生灵，叫作妖。

这是那只猴子曾经说过的话语。

妖，也是可以占据天阙的。

（七）

“松鼠妖王，你蛊惑人心，满口胡言，罪不可赦。”天庭的大将如是斥道。

黑压压的天兵盘踞在天空中，将我包围在中间。

对付我这种弱者，需要做到这种程度吗？

我早已明白了言语的空洞与无力，只是冷漠地对视着，扬起手中的兵器。

我并不是那只猴子，也没有他的那种本领，但这并不会妨碍我，做一个顶天立地的妖王！

“一代代的妖王，在面对着穷山恶水的绝境中，从来不曾放弃过最后的希望，从来没有折断过自己的脊梁。那是整个妖族传承下的精神。”曾经说出的话语，要由我亲自来实现。

几千年的岁月，让我的法力得到了大幅的增长。

面对着他们，我也不再是弱者。

而是一个同样挺直了脊梁的大妖。

眼前，恍然飘过那只猴子微笑的样子。

“齐天大圣万岁！”

…………

我倒在血泊中，嘴里念叨着：“齐天大圣会回来的……”

我仿佛突然看到了天兵们慌乱的身影，看到他们无助的惊恐，看到天帝再不复平稳的样子，听到了生平最想听到的话语。

“六耳猕猴打上天庭来了！”

但这或许只是呓语。

（八）

但那并不是呓语。

那一日，东胜神洲孕育出的另一只灵猴六耳猕猴追寻着齐天大圣孙悟空的脚步，踏破了南天门的封锁，杀入了凌霄宝殿。

新的妖的国度终于出现。

松鼠安详地闭上了眼睛，像是每一次装死一般，但这次，他没有醒来。

六耳猕猴披着金色的战甲，踏着五彩的祥云，杀死了天帝，也倒在了天庭的围攻之下。

这一次，妖的反攻依旧失败了。

但是，天庭也不再是那样不可动摇的庞然大物。天帝，也不再是不可战胜之人。杀死了天帝，翻覆了苍天，悬挂在南天门上猴子的躯体，大概会真的再度笑出来吧。

一代代的妖王，用自己的血肉之躯，撼动了不可战胜的天庭的根基。

孙悟空的精神早已成为了妖族中不朽的传唱。

即使是小人物，也能做到一些大人物所永远都不能做到的事情。

每一个时代，都有其英雄。

我们可以看到，他们踏着五彩的祥云，披着无双的战甲，突破重重的封锁，迈步向自由的黎明。

孙悟空之后，不再有孙悟空，但还有六耳猕猴。

也许六耳猕猴之后还会有通臂猿猴，或者赤尻马猴。

他们的肉体或许可以被杀死，但精神却永远无法被磨灭。

终有一日，会有一只全新的猴子，踏着前辈的身躯，迎来他们向往的自由。

幽冥记：永泰公主的自述

钟子晴

我们活着的时候都相信，死只不过是带领我们去另外一个世界。在那里，生活还会继续。我们因此尽可能地带走一切可以带走的东西，把它们都放在我们的墓穴里，那是我们死后的家。

但前提是我们死时需要躺在床上，身边亲朋好友环绕，然后在众人的深切祝福中闭上眼睛。然而不幸的是我死的时候完全不是以前常常想象的样子。

我是永泰郡主。不要相信什么“珠胎毁月”，我事实上是被乱棍打死的。

在我闭上眼的那一瞬间，我的眼前仿佛闪过了我的一生。拨开周围暗淡哀伤或仇恨怨怼的眼神，我看到一个青灰色的身影从我面前经过，悠悠地叹息：“永泰郡主，一个人去了一个遥远的地方。”

我漫无目的地走在一片茫茫的沙漠。天被风沙遮得昏暗。我周围渐渐多了一群衣衫褴褛的人。他们一个个都很疲惫，却仍不停地走着，仿佛不能停下。

过了好一会儿他们才发现我。一双双空洞的眼睛转向我，瘦骨嶙峋的手拽住我的袖子，麻木的脸上现出些许惊讶。

“像你这样的穿着，一看就是富贵人家的孩子，怎么和我们走在一起啊？”其中的一个长着长而稀疏的白胡子老人说。

我突然意识到，他们就是，传说中的孤魂野鬼吗？

“我们都是被遗忘的人。我们从那个世界什么都没有带来，没有人为我们祭祀，为我们悲伤。我们中的有些人，甚至坟墓已经被毁掉，永远找不到一个栖息的地方了，因此只能在这里游荡。你看那个人，”老爷爷说着，指着远处的一个半透明的人影，“他已经在这里待了好久了，坟墓早已被荒草埋没，那个世界里没有任何活着的人记得他了。”

“他会怎么样？”我问。

“他正在消失，随着他在那个世界上的痕迹被一点点抹去。不光是他，你、我、我们，凡是这里的人最终都是这个结局。我刚来这里时，胡子还是灰色的，现在已经变得这么白了，马上要掉光了。”

沙漠上没有白天黑夜，我们只是永无休止地行走着。不知道过了多久。

我一天天地看着那个人的人影渐渐变成和沙漠融为一体的白色和透明，越走越慢，渐渐落在队伍的后面。

他终于走不动了，倒在了沙子上，无声地任由自己被掩埋。

沙漠中的风沙还是一样的大，让我眯了眼。

而等我再睁开眼睛，往他倒下的地方看去，却只看见茫茫的白沙。

“他死了。”白胡子老爷爷叹着气说，“这是真的死了。”他的胡子似乎更白了，简直要和沙漠融为一体了。

这也是我的结局吗？死？

这个队伍没有因为一个人的死亡而减缓行进的速度。或许更多的人根本没有注意过他的存在，自然也不会因为他的死亡而徒增烦恼。

更何况，总有人加入我们的队伍，也总有人离开。

我怔怔地看着自己亮蓝色的裙子一天天地黯淡下去，脚步渐渐慢下来。或许我离最后的结局越来越近了。

就在我即将放弃行走的时候，听到背后传来一个遥远的声音：

“永泰公主殿下，请留步！”

我已经很久没有听到我的名字了，又是“公主”，有些陌生和不敢相信。

慢慢地我抬起头来，才发现地面的白沙突然被卷起来，遮天蔽日，所有人都四散奔逃。

而我却站着没动。风沙的尽头是十六名衣着华丽、体态丰腴的宫女。有的上着披帛、下穿长裙；有的身着男装；有的身穿长袡，腰束锦带，带上缀有荷包。在她们身后，竟然是齐整的仪仗队，浩浩荡荡的车马。

其中领头的宫女走上前来向我行礼，对我说："公主殿下，我们来接您回去。"

在路上，领头的宫女向我讲述了事情的原委。

祖母去世了，把皇位又传给我父亲。我的离开给父亲带来了刻骨铭心的伤痛。他追封我为"永泰公主"，为我重新修建了坟墓，并且特许它尊称为"陵"，极尽哀荣。

本着从老祖宗就传下来的事死如事生的观念，父亲在我的墓中放置了彩绘陶俑、骑马俑、三彩马及陶瓷器皿等，还绘制了多幅壁画，有宫廷仪仗队，以及天体图、宫女图等。他还诏令太常少卿兼修国史臣徐彦伯为我撰写了墓志铭，说我"乘碧烟而忽去，入彩云而不返"。

我只想说我差点入沙漠而不返了。

我被带到了另一个世界。在这个世界里每个人都有一个"家"。他们的亲人们因为怀念他们修建了陵墓，吃穿用度一应俱全，仿佛他们只是去浪迹天涯，然后每年在坟前祭拜。也正因为如此，他们才不至于成为孤魂野鬼，才可以把过去的生活继续下去。

于是，这许多年来，我都在父亲为我建筑的宫殿中生活。有时候，会有一两个人从凿开的洞口冒冒失失地闯进来，随手捡走了父皇留给我用的器皿和珠宝。

有一天，又进来了两个这样的人，抢走了我仅有的簪子和瓷盘。"你们难道不怕受到神明的谴责吗?"我想大声说，却发不出声来。

然而他们也不是无所顾忌，一直心惊胆站地望着四周漆黑的墙壁。脸上都是一副巴不得快点离开的神情。

入室抢劫完毕后，一个杀了另一个，卷走了全部战利品，唯独把同伴的尸体留了下来。

我伤心地缩在墙角，尽量离那个令人厌恶的尸体远些。

没有发簪和梳洗用的盆子的我显得有些狼狈和寒酸，可至少我还有一个可以栖身的地方，还有宫女们和仪仗队的陪伴。

我还有记忆，除了那个严酷的祖母，我至少还有一个共同赴死的丈夫，带着我们未出世的孩子，至少有一个深深怀念我的父亲。

在这之后，又过了很久很久，我的房子一直没有再被打扰。

在这一天，又有几个人闯了进来。不是两个三个，而是成群结队。这些人都穿着奇怪的一身绿色或蓝色的衣服，还有同样颜色的帽子。他们的头发都很短，就像很小的孩子。他们用奇怪的工具写着我看不懂的文字。

他们涌进了狭窄的墓道，用手里发光的奇怪的东西照着两边的墙壁。看到那些壁画，都发出啧啧惊叹。

他们小心翼翼地向深处行走，一时寂静无声。突然队伍中有人指着一个角落大叫："唐——三——彩!"

这声音打破了寂静，一瞬间仿佛爆炸了，人们纷纷朝他手指的方向兴奋地涌去。

我的安静就这样结束了。

领头的人一声令下，大家纷纷拿出奇怪的工具开始挖掘。虽然我并不认识这些工具，但我确信它们比以前那些闯进来的人们的工具高端多了。随着挖掘的继续，人群中不时传出此起彼伏的惊叹和叫嚷的声音："这儿有一个骑马俑！等等……不止一个……这是一个仪仗队!"

与以前曾经闯入的人不同，他们似乎毫无顾忌，都是一副流连忘返的神情。他们仔细地搜索着每一个角落，把父亲送给我的礼物一件件地放入自己的口袋中。我害怕地瑟缩在墙角。这些掠夺者没有一丝愧疚的表示，并不惧怕这里的黑暗。与很久以前的人们不同，他们的闯入仿佛是合理而应当的！世界上还有什么能使他们恐惧?

最后，他们来到了我的卧室。一双双沾满泥土和灰尘的手抓住石椁的门把它打开，露出了里面残破的棺木。在一片欢呼和惊叹声中，坐在那边墙角里的我转过头去不忍再看。

我闭上眼睛，听到石椁摩擦墙壁的声音和人们的吆喝，想来他们是把它抬出去了。这声音越来越远，直到消失在了隧道尽头，我才睁开眼睛。隧道尽头的光亮得刺眼。墓室里又没有了声音，只是那千年的寂静却再也不能回来了。

那些宫女透过空无一物的墓室看着我，每人眼里都是极度的悲伤与凄凉。

我的墓室被开了一个洞，有一个人用栏杆围住了洞口，坐在它旁边天天拿着一打小纸片翻来覆去地摆弄（不久后我知道了他是在数钱），人们在他的面前排起长队。

越来越多的人每天涌进来，穿着奇怪的衣服，手中拿着奇怪的盒子。那些盒子——后来我知道了它们是相机——对准了墙上美丽的壁画，对准了那些漂亮的宫女，不停地发出咔嚓咔嚓的声音。

原本空旷的走廊挤满了人，顿时显得狭窄闭塞。很多人难以忍受浑浊的空气，同伴劝阻他，却也执拗地不愿离去。“我还没有见到那个装着公主的棺材呢，还是看到那个棺材再走吧，要不然白来一趟啊！”墓室里面也排了长队，领头的人拿着扩音器大声叫喊着向后面的一群人讲述我的生平故事、我的死因。那是我自己都不忍回首的经历，却每天都要被残酷地重新提起。

父亲为我建造了这座墓室，这座宫殿，留给我这么多礼物，为的就是让我在另一个世界能够平安喜乐，然而每天都有人闯入，对我和我的宫女们指手画脚、品头论足。我的故事、我的死因之谜，被当作满足他们好奇心的工具。

这里不再属于我，而是属于那个坐在门口数钱的人。

终于有一天，这里的喧嚣把我赶走了。出了门的我却发现，这个世界，已经没有一个可让我栖息的安静的地方了。

我来到了一个广场，很大的广场，简直和记忆中含元殿门口的广场一样大了。红色的墙，金黄色的瓦，分外辉煌。然后我看到广场上聚集了好多人，他们都穿着绿色或蓝色的衣服，举着红色的旗子，都是义愤填膺的神情。那天风很大，红色的旗子在风中展开。铺天盖地，仿佛整个世界都是红色的。

红色成了那天的主色调，从广场上的红墙，到人们手中的红旗，再到每个人的眼里，就像波涛汹涌的海洋。

他们围在火堆边，是在进行一项古老的仪式吗？

我看到一块草席被展开，人群里爆发出了欢呼声。草席里是三具白骨。一个眉毛粗黑长得很有英雄气概的人在人们的欢呼声中拿起那张草席，把它和里面的白骨一起丢到火中。

好奇怪的仪式，这三个可怜的人是谁呢？

"那是我。"旁边的虚空中突然响起一个苍老的声音。我吓了一跳。

回过头来，我看到旁边是一位慈眉善目的老奶奶，头上戴着花纹驳杂的凤冠，穿着金黄色的长袍，在底下一片绿色和蓝色的着装中显得很耀眼。"我是定陵的主人，明神宗的皇后。下面的人们正想把我们烧了。"

"为什么？"

"他们说我们是牛鬼蛇神。已经好多天了，每天都有人指着我们这样叫，可我也不知道那是什么……"

我的视线突然被人们扔在地上的另一张草席吸引过去了，那里面也有一具白骨，比较残破，却是我熟悉的形状。

一瞬间我的耳边只有半空中呜呜的风声。

"'牛鬼蛇神'是什么罪名吗？……"旁边的老奶奶还在说。

"那是我。"我说，怔怔地望着下面翻滚的红色海洋。

我不知道飘荡了多久。和曾经在沙漠里一样，我只是漫无目的却不停地走着。

有一天我走累了，停下来坐在了路边的长椅上晒太阳。我早已重新习惯了阳光。

这时一个长发飘飘的，穿着鲜艳长裙的年轻姑娘走过来和我坐在同一张长椅上。她自然看不到我，于是我也没离开。

她拿出一本画册细细地观看。一页一页翻过的是各式各样的仕女图。

我的目光随着她的手，一起停在了一幅画上。画中是十六名衣着华丽、体态丰腴的宫女。有的上着披帛、下穿长裙；有的身着男装；有的身穿长褂，腰束锦带，带上缀有荷包。她们有的掌灯，有的举扇，有的拿如意，有的举拂尘。栩栩如生，轻移莲步，顾盼生姿。画像下端是一行黑色的小字：“永泰公主陵壁画”。

熟悉的图画，熟悉的名字，我却在另一个地方看到。霎时整个世界又重新安静下来了。

“她们好美丽啊。”那位姑娘赞叹道，抚摸着光滑的纸张。

“是啊，真的好美。”我在一旁默默地说，探过头去想要再多看她们一会儿。

“小李——快来照相啦——”有人在叫她。“马上！”那个年轻姑娘一边兴高采烈地应着，一边意犹未尽地把画册收进包里，急着找她的朋友们照相去了，留下我一个人在长椅上仍然在回味刚才看到的图画。

生命并不仅限于我们存在的短短一瞬。那些我失去的，却让我不只是一个夭折的公主。曾经有那么多的珍宝需要我来守护，现在又有那么多的故事要我来讲述。

原来世上的每个人都在历史中扮演着重要角色，但都通常懵然不知，在沙漠里痛苦地死去。信仰缺失的时代不会长久，人们不可能永远不相信珍宝的存在。许多年过去，错误将被纠正，对于善与美的渴望终会重新升起。我只需要等待。

词八首

李子琳

浣溪沙四首

其一

欲梦偏难到陇西，离人最苦道相思。玉箫声里燕分飞。
烟柳风时长漫絮，杏花钗上未开齐。醒时即是独归时。

其二

春色未曾上小楼，也随风起下帘钩。睡长帘底篆烟留。
鸦影啼惊眉上月，漏声滴破镜中愁。无人同上木兰舟。

其三

尘满香奁杂泪痕，应劳青鸟送罗巾。石榴裙上惹花薰。
梅子摘青闲煮雪，乱红飞尽不开门。珠帘风动却疑君。

其四

夹岸闲花逐水流，蜻蜓飞上玉搔头。乱红影里怕登楼。
睡漫麝熏添两袖，日长风絮惹帘钩。满庭花鸟替人愁。

浪淘沙·三月晦日送春

花落不由人，莫遣沾巾。衔杯却敬去年身。箫鼓早将春社散，几个归人。

桥外复逡巡，谁掩重门。东风慰我未招魂。寂寞画堂春不驻，斜月黄昏。

鹧鸪天

滴破旧愁玉漏声，年年陌上踏莎行。酒旗影落春流碧，风露愁侵柳带轻。

天畔月，枕边灯，相思调里怕愁醒。杨花落尽新添墨，却道风流画不成。

采桑子二首

其一

杏桃初向行人放，沽酒垆边。钓叟闲眠，暂放渔舟野渡前。
一声欸乃暮云合，满目寒烟。未及遥看，渔唱已过山外山。

其二

沙汀影起孤鸿冷，水绕烟轻。露滴寒生，砧杵谁家此夜声。
疏星半落扁舟里，逸兴须乘。何处吹笙，犹似当年醉里听。

故　事

赵木荣

一　君

我在黑暗中盼望这串跫音已经三百亿秒，而你用柔和又刚劲的双手握着精良的工具，带着你渊博的学识，终于要走近。这就好像一卷七十三万天长的竹简终于要展开到尽头，一块两千多年老的石碑终于要敲出最后一个汉字。

思考了两千年，我得出这样一个结论：把我手中的故事交给你，就是我站在这里的原因。而我终于要完成自己的使命。

二　吾父

让我回到一切的开头——我和父亲的故事。

我感到自己在一片混沌中缓缓地旋转着，旋转着。忽然，我被人捧到了空中，并且跟从他双手的摆布变换了形状。他的手是一双柔中有刚的手，你不能不听他的话，却又高兴听他的话，并且他的每个决定都巧妙得让你惊喜。

很快，我能看清周围的物体了。不远处的黄土地上有一个坑，几个衣着破烂的人正用木棍搅拌着坑里的浆水。我明白自己刚才就是来自那里。捧起我的那双手的主人肤色棕褐，有一双灼灼发亮的眼睛，两条眉毛如同饱蘸墨汁的笔写出的“一”字。无论他的眉头是皱起还是舒展，我都能看到他额头和眼角处深深刻着的几道皱纹。他正目不转睛地看着我，这里捏几下，那里挤一下，汗珠顺着脸颊滚下来也不擦去。我感到在他手中我可以完全安心，因为他的手那样灵巧有力，可以将我塑造成最恰当的样子，又那样温柔，绝不会伤害到我。我立刻喜欢上了这个人。他就是我的父亲。

“这陶人的脑袋做得不错呀。”一个又尖又细的声音从背后传来，“一看就是——关中人相貌。有意思！”

“长官过奖。”父亲的声音十分浑厚，而且字字干脆，“小人从小学做陶人陶器，有门手艺糊口而已——”

“一介黔首，谁让你来说话！”那个声音尖细的人猛然推得父亲几乎摔倒，险些把我掉在地上，“你当我爱听你唠叨你那点儿破事儿是吧？我没下令你就不能张嘴，你懂不懂规矩？在这儿待腻了，再去挖两天地道，搬两天砖！”父亲低头看着我，一动不动，一声不吭。那人又威严地沉默了一会儿才走开。

不出两天，我高大挺拔的身体基本成形了。第一次自己站立，我无比兴奋，父亲的眼中却充满了忧愁，丝毫没有欣喜。每当长官去远处巡视，父亲就会和我说话，虽然我不能完全听懂，更无法应答。

“陶人啊，我家在关中，世世代代都做陶器。好多铺子都拆啦，回家种田！我们哪来的田？托祖上的福，有大户人家看上了我们的东西，年年来订，全家人这才吃上了饭。只是现如今……唉！不求别的，能再见一面也——”

“陶人啊，我一人的死活事小，可是这老祖宗琢磨出来的手艺，一代一代传下来，难道真要断在我的手上？等到见了老祖宗，我可怎么交代——”

“陶人啊，你长着眼睛，你看看修这一座墓费了多少钱财，死了有多少人？这税都是老百姓交的，这人都是老百姓里抓的。踏踏实实种着地，干着活儿，不知哪天就得走，不知哪年哪月才能回！娃娃去打水，这一去，最后一面也没见成！还说回来要倒水给我涮笔呢——”

“陶人啊，我是赶不上啦……只求老祖宗保佑，等娃娃长大了能碰上个好主人！”

父亲在我身上涂好了最后一层颜色，然后等它晾干。他一动不动地看着我，很久很久，好像我真是他的亲人一样。我们都以为我将永远住在脚下那座地宫里，不能重见天日。

终于，有人将我抬走了。从此，我再也没有见过那个眉毛像“一”字的人，那个用柔和而有力的手创造了我的，父亲。

三　斯人

我要讲的第二个故事，是另一个人的故事。

抬我的人没有往地道的方向走。他们把我放上了一辆盛满秸秆的马车，又用秸秆将我盖好。马车先是疾行在平整的驰道上，后来开始减速，车轮在有纹路的地砖上不停地颠簸，好在我一路都没有受伤。

终于，车停了。他们将我抬下车，又抬着我穿过一道道回廊。我发现周围尽是雕梁画栋，异彩纷呈，甚至我从未见过的色彩都多得不可胜数。我的视线跨过了一处处钩心斗角的飞檐和一道道长虹卧波般横跨空中的画桥，跨过了来来往往捧着各样珍宝的行人，看到了远处苍翠欲滴的山脉。

走了不知多久，一股异香忽然扑面而来。我们来到了一座殿宇前，它比之前经过的任何建筑都更恢弘、更沉稳。未知的命运使我不安，周围新奇的景物又使我十分好奇，我甚至一时忘记了不久前与父亲告别的心情。等我回过神来已是独自一人，在一尘不染的冰冷的台阶上，向着阴沉的殿门，萦绕在它吐出的不断变幻的青烟里。

一个身着黑袍腰间佩剑的人从殿门踱了出来。

他的脸很有特点，眼睛细长，鼻梁很高，胡须垂到了胸前。他膀阔腰圆，步伐稳健，每一步都充满一种异常的自信，带着一种不怒自威的气场，使旁人不由缄默。如果是十年前，不，五年前，他的神态中一定还多几分激情和野心。

当他把目光投向我时，我立刻知道我永远不会再忘记他，就像我不可能忘记父亲的“一”字眉、父亲的双手一样。这是一种我从未见过的目光：乍一看是咄咄逼人的审视和几近跋扈的傲视，但唯我独尊的孤傲中又含着磐石般的坚毅和利刃般的果断。而在我这个没有生命的存在面前，他的目光渐渐变得遥远，好像越过了面前纹理交错的砖块瓦当，越过了回环的雕栏玉砌。

朕十三岁登基，文有吕不韦为相，助理朝政；武有蒙骜、王龁、麃公为将，破五国联盟。及成年，平嫪毐之乱，亲掌王权。幸有尉缭献计贿六国之豪臣，乱诸侯之计谋；有王翦、王贲诸将取城池无数，威震四方。其间国中虽遇地动山摇，瘟疫饥馑，仍日益盛强。

在他的目光中，曾经的激情和野心复活了，他细长的眼睛重新闪闪发光，背在背后的手臂伸向前方，好像指点的不是因风摇曳的奇花异草，而是猎猎作响的旌旗。

十七年，尽得韩地，命为“颍川”；

十九年，取赵地，于邯郸报母家之仇；

二十二年，引河灌大梁，魏王来降；

二十四年，破项燕荆军，灭楚；

二十五年，得燕王，虏代王；

二十六年，由燕南攻齐，灭之，并天下。

忆昔穆公，与晋毗邻，结秦晋之好，化强邻之危；及孝公时，卫鞅变法，重本抑末，军功授爵，自此黔首尽力耕织，士卒冒死杀敌，遂使国富兵强，称霸一方，列国谓我“虎狼之师”。而荆轲一事，死里逃生，实感祖先之护佑。凭此财力，依此法度，托此洪福，方能横扫六合，一统天下。

今海内为一，车同轨，书同文字，连长城，修驰道，秦之功绩，实应永铭。朕命人勒石于泰山、之罘、碣石，供世代瞻仰。

他的目光重新聚焦到了我的身上。

古人云：“事死如事生。”回首追忆，朕之时日，南征北伐，西除东荡为大半，于阴间亦当统率千军。今依丞相之计，作陶人、陶马、铜车无数以代人畜，给陶俑武库之刀兵，置于地宫城外，待朕调遣。来日虽降于地下，可继往日之雄风矣。

终于，我再次被抬走，走向那等待我的地道和地下的千军万马，走向了我所归属的队伍。而那个身着黑袍腰佩宝剑的人，终于与他的故事一起深埋地下，淡出了世人的视野。

四　终·始

不错。直到这一天，我的故事、父亲的故事、那人的故事、那个时代的故事，都与我一起深埋地下。直到你跫音响起的一天。为了这一天，我一直在等待。不只是等待，是暗无天日的等待、粉身碎骨的等待、遥遥无期的等待，和渐渐绝望的等待。

然而刹那间一切的等待、一切的痛苦和一切的绝望都变得不再重要，因为，那是你来到的一瞬间。

你有和父亲一样柔和又有力的双手，忽然将我从无边的混沌和黑暗中捧起，这里抹几下，那里搓几下，拂去我身上的每一粒尘土，重新把我拼接成最合适的样子。

不会再有人朝我们怒吼，不会再有人把我们推倒，不会再有人阻止我们的倾诉，你眼里充满的不再是忧伤和无奈，而是欣喜。还有，这次是我讲故事，你听。

我更高兴的是，你也是一个会讲故事的人，所以你会把我的故事、父亲的故事、那人的故事、那个时代的故事都记住，然后讲下去，讲给下一个会讲故事的人，让故事永远不再回到黑暗中。

两千年后，我不知道自己的耳朵是否还像从前一样灵敏。那串轻响，是你的跫音吗？

勿急。

为了故事，我可以等。